介護・七転び八起き

―ホームヘルプの現場から―

＊目　次＊

Ⅰ　介護・七転び八起き

Ⅰ　介護・七転び八起き　9

1　ホームヘルプは失敗続き……10

(1)熱すぎたタオル――清拭、足浴　10
(2)低温火傷　13
(3)待ちわびた手紙――メンタルケア　16
(4)「声をかけないで」――車椅子介護　18
(5)口の中に残っていたものは――嚥下障害　23
(6)ポータブルトイレの後始末　24
(7)時間を守る　26
(8)震えの原因は――観察、管理　28
(9)喧嘩別れ――利用者の急激な変化の意味　31
(10)記録の大切さ　36

2 介護で元気……………40
(1)眠る 40
(2)食べる 43
(3)排泄する 47
(4)毎日の清潔、整理整頓 52
(5)看取りまで付き合う大切な人 53

3 介護家族を支えたい……………55
(1)近所でよく見かけた華さん 55
(2)働く女性を支える介護 56
(3)繰り返す入院 57
(4)個室という困難 58
(5)華さんはナースステーションに 60
(6)四回目の入院は老人ばかり 61
(7)突然の退院勧告——老人保健施設へ 62
(8)不安 63
(9)緊急の呼出し 64
(10)病院の休憩室で聞いた話 66
(11)看取りに付き添って 67

Ⅱ　介護保険の裏側で――73

1　ホームヘルパーの職場が変わる……74

⑴自分の思うヘルプにはほど遠いヘルプ　74
⑵このまま介護の仕事を続けられるか　76
⑶ホームレスが他人事じゃない　77
⑷なぜ、公務員ヘルパーをやめたのか　80

2　介護が受けられない……81

⑴要介護認定なんてできない　81
⑵「払える分しか利用できない」　83
⑶ケアマネージャーの思い入れによって大きな差が　84
⑷「痴呆性の利用者の認定に不安」　84
⑸要介護認定の矛盾　87
⑹介護の値段　93
⑺生活から遠ざかる介護　95
⑻介護保険は「裸の王様」　96
⑼ケアプランの触りだけでも問題が次々に　97

(10)命に係わる重大な事態が　98

3　くつろぎを語る……………99
(1)一杯のコーヒー　99
(2)「はやく、はやく」　100
(3)自動改札　101
(4)くつろぎの時間　102
(5)それでも家がいい　104
(6)ヘルパーさんを代えて欲しい　106
(7)言いたくても言えないこと　108
(8)広くなったスペースで　109
(9)ゆとりをもって、生活を介護したい　112

Ⅲ　不思議な人たちとの出会い——「精神障害者」への生活支援活動の中で　117

1　イブニングケア………118
(1)開業ヘルパーへの道　118
(2)必要とされたイブニングケア　120

(3)「え、幻臭？」 120
(4)拘束――「逮捕されるかもしれない」 122
(5)なによりも心のこもった食事を 125
(6)介護の体験から 129
(7)摂食障害を抱えて 130
(8)打ち明けたこと 132
(9)突然の発作 134
(10)地元商店からの応援 136
(11)美味しい料理が主役 140
(12)一人の必要から 142

2 削られていく「障害者」福祉……143

(1)福祉切り捨て 143
(2)生きるため、やむを得ずの方法 144
(3)石原都知事の福祉＝ボランティア論 146
(4)やはり、乗り遅れた汽車なのか 148
(5)エンパワーメント 149
(6)地域が動いた、議会が動いた 151

3　「精神障害者」にホームヘルプサービスを……………156
(1)年末のお節の配達　156
(2)西荻館の重要な活動　158
(3)初訪問は未経験者の知恵子さんと　160
(4)地区担当の保健婦登場　161
(5)「身体障害者」のUさんがホームヘルパーに　162
(6)七名の介護者　164
(7)シンポジウムに参加して　164

あとがき……………168

〈コラム〉

清拭について……………13
湯たんぽの扱い方……………15
車椅子介護について……………19
初めての場所に同伴する時の注意……………22
記録の方法（高橋道子「卒業論文」より）……………37
ナイチンゲール『看護覚え書』……………42
介護支援型食事サービス……………47
西村かおるさんと日本コンチネンス協会……………51
夫婦の間でこんなチェックも……………55
差額ベッド……………60
老人保健施設……………63
『生活の場から看護を考える』（中島紀恵子著）……………75
要介護認定・調査への対処要領……………86
二種の老人ホーム……………100
保護室……………106
高橋道子が書いた二冊の本……………116
名称独占の資格「介護福祉士」……………119
「精神障害者」の入院……………121
障害者の人権相談はここへ……………124
「おおきな竈《かまど》」と「今日のメニュー」……………127／128
内部障害……………130
てんかんの発作時の対応……………135

*イラスト――山口明子

Ⅰ　介護・七転び八起き

1　ホームヘルプは失敗続き

(1) 熱すぎたタオル――清拭、足浴

夏、私たち夫婦は北海道に独りで暮らす母を訪ねる。母は重いリウマチで変形した手足を激痛を堪えて動かす。人の助けを受けてではあるが、「身体障害者一級」の母は畑を作っている。じゃがいもやとうもろこし、ナスやキュウリ、トマト。夏は収穫の時である。この土地と、毎日変化する大地の糧、慈しむ心があるから、母は「障害」を持った体で、たった独りでも生きてきたし、多分これからも出来る限り生きていくだろう。

この日、私は、入浴が困難な母の体を拭いて欲しいと頼まれた。仕事上では「清拭」というケア内容である。私はいつも清拭で準備するように、熱いタオルを用意した。絞っている時、素手ではやっと触れるほどの熱いものである。経験上は、それほどの熱さにしても、開いた時、タオルは空気に触れ一気に冷めはじめるのだった。

「お母さん、背中を熱いタオルで拭きますね。気持ち良いですよ」

熱く蒸したタオルで背中を温湿布するこのケアはいつも利用者にとても喜んでもらえる。「清拭に用いる湯の温度」は、教科書でも「45度C――50度C」となっており、さらに熱布清拭では、「60度C――80度C」とも書かれている。私は、この熱いタオルが結果として利用者の体をほぐし、入浴に準ずる効果をもたらすと、確信していた。

ところが、私が熱したタオルを背中に当てるか当てないうちに、母が「熱い、熱いよ」と言ったのだ。私からのケアが拒否された瞬間だった。

実際のタオルの温度はそれほどの熱さではなかったかも知れない。しかし、この時、この清拭のタオルの熱さは一〇〇パーセント私のミスである。

私はこの時初めて母の肌に触れるという介護を試みたのだった。リウマチを患って、どれほど痛みに敏感になっているか、当時の健康状態はどうなのか、そもそも、そのような熱布清拭を体験したことがあったのか、などなど、母への介護の個別性ということをまるで考えずに、私は教科書通りのマニュアルを押しつけ

て勝手に「気持ち良いですよ」などと言っていたのだ。

気持ちが良いか、悪いか、感じるのは介護を受ける側の方である。しかし、私たちの方には、「こうすれば、快適」とか、「体に良い」とか、「効果がある」とか、勝手に決めてしまって、マニュアルの介護を押しつけていることも、多いのではないだろうか。

母は厳しく、はっきりと物事を言う人である。「熱い」と言えたのは、遠慮がなかったからかも知れない。であれば、日々の介護の中で、利用者が言うに言われぬ不快を、もしかしたら、私たち介護者が強制していることもあるのではなかろうか。

この十年間、私が何人もの人達に「気持ち良い」と思い込んで提供してきた清拭という行為。使うタオルの熱さということも、それぞれの状況で違っているべきだったろう。その日の気温、湿度、時間、利用者の体温、病状や「障害」の様子、コミュニケーションのあり方などで利用者の感覚は大きく違っていたはずだ。

「気持ち良いですよ」とこちら側から言う前に、利用者の立場に立って、もう少し何度でも、考えなおしてみよう。

入浴の介助や清拭というケアは利用者の肌に直に触れていく行為ということで、利用者の介護者への信頼がとても必要になっていくだろう。入浴の介助で利用者の背中を洗ったり、足浴の際、利用者の指をマッサージしたり、全身清拭の過程で語りかけることは、大切なコミュニケーションである。逆に、十分なコミュニケーションがない中で、清拭などのケアが続けられていくことは、利用者にとってなんと味気ないものだろう。そこでの清拭は単に介護者の義務感からなされるものでしかなく、清拭の重要な要素である、「利用者に爽快感をもってもらう」という効果を妨げてしまうことになる。入浴の介助や清拭のケアの時は、介護者は利用者の体、心に密着し、一体感をもって接することが必要である。つまり、介護するこちらも「楽しい」「気持ち良い」と思えるような介護ということだと思う。

日常的に健康で毎日自力で入浴なども出来る人とは違い、病気や障害で「ねたきり」などの状態になると、清拭や足浴、手浴などの介護は生命の維持にとっても重要な介護内容になってくる。私が十年間の介護経験の中で、特に実感しているのは、足浴というケアである。

その利用者はすでに末期の癌《がん》に冒されており、年齢も九十歳を過ぎている人で、ほとんど「ねたきり」の状態であった。利用者の娘さんが漢方の医者であり、彼女は私に、「自分の指示通りに介護してくれますか。もし、介護者としてのあなたの意見が違い、出来ないのならおやめになってください」とことわった。

彼女の指示は、「母には、もうこれ以上の医療行為は行いたくない。食事は甘いサイダーだけは受け付けますので、それを補給してください。じょくそうが出来ていますが、この消毒は私がします。あなたに頼みたいのは、丁寧な足浴です」。

じょくそうはかなり酷い状態で、深く抉《えぐ》れていて骨まで見えるようであった。しかし、医者である娘の言い分はこうだった。

「じょくそうも、無駄な栄養などを与えると逆に、治そうとするエネルギーで痛みを伴います。私は、母にはもう痛いおもいはしてほしくない」

確かに、利用者は痛がっている様子はなかった。私は毎日、足浴を試みた。色々工夫してやっと座位を保つことが出来るという状態だったが、十五分ほど、温かい湯に足を浸し、マッサージをしていくと、とても気持ちが良いようで、利用者と私は暫しの安らぎを感じるおもいだった。すでに体は極端に痩せていたにもかかわらず、ひどい浮腫《むく》みがあり、赤紫に鬱血していたその足は、足のお風呂に入ったあとは、浮腫みもとれ、だんだんとすんなりしてきた。

この利用者は、娘さんが旅行に行っている間に、静かに息を引き取ったと言う。そのことを娘さんが話してくれた。

「母の最期に側にいなかったことを、私は残念だとは思いません。母は独りで静かにいきたかったのでしょう。人は、死ぬときは、誰にも邪魔されないで死にたいのではないでしょうか」

私はこの漢方医の指示通りの介護をさせてもらい、とても勉強になったと思っている。その大きな要因は、この利用者の最期に苦痛がなかったということである。足浴の効果の偉大さは、そのほかでも沢山体験することになった。

清拭について

〈効果〉

安全で快適な入浴ができないときは清拭を行う。身体を清潔に保ち、感染を予防し、皮膚の生理的働きを保つというだけでなく、マッサージとの併用によって血行、代謝を促し、じょくそうを予防する。利用者に爽快感を与え、食欲や便通にも効果的である。

また、介護者にとっては利用者の全身状態を観察する機会にもなる。直接肌に触れ合う行為として利用者と介護者との信頼が試される場面でもあり、大切なコミュニケーションの場でもある。

〈方法と配慮〉

①環境を整える
　利用者が肌をさらすため、室温は24度C前後にし、すきま風を避ける。
②プライバシーの配慮
③食後は避け、排泄はすませておく。
④湯は手を入れて絞ることが出来る程度の熱いものを用意する。拭く時のタオルの熱さは、自分の腕の内側の皮膚で熱すぎないことを確かめながら、相手に対して、気持ち良い熱さであることを確認して行う。
⑤全身清拭の時の拭く順序
　顔、耳→首の回り→手指、上肢→胸部→腹部→背部、臀部→下肢、足先→陰部
⑥皮膚に快適な刺激を与え、入浴に近い気分が味わえるようにする。温湿布―マッサージを併用。
⑦露出は最小限に抑え、バスタオルなどでカバーする。
⑧足浴、手浴を実行する。

*

(2) 低温火傷

車椅子の生活をおくっているEさんの介護を引き受けて十年になる。その間、Eさんのもとには何人ものホームヘルパーが訪問することになるが、何度か繰り返された介護の失敗に低温火傷がある。腰椎を骨折し、下半身をマヒしているEさんには腰から下の感覚がない。痛み、痒み、そして、熱さ、冷たさを感じること

ができないのだ。

最初の低温火傷の原因は、湯たんぽだった。体温調節が難しいEさんにとって寒い冬に就寝時の湯たんぽは温かく眠れるための必需品である。私たちホームヘルパーは夜の七時ごろ訪問して、排泄介護、入浴介護を済ませ、就寝の準備をする。その際、Eさんの要望で湯たんぽを用意して、布団の中に入れるのだ。

「湯たんぽの湯の温度は、アルミで80度C、プラスチック製では60度C。利用者の足から10センチ以上離して」。介護技術の教科書にも「低温火傷に注意」と書いてある。ところが、Eさんが火傷する時は、まるで湯たんぽが足に触れんばかりになっているのだ。時にはEさんの足が湯たんぽの上に置かれていたこともあった。勿論その後は、無残に火傷から免れなかったのは言うまでもない。

この十年間、私は何度も、この低温火傷の手当てをすることになった。重症の時は、毎日外科医院に通わなければならなかった。火傷になって非常に困ることが、入浴である。Eさんにとって毎晩就寝前に湯船にゆっくり漬かる入浴は心身がともにリラックスする正にくつろぎのひとときである。さらに、体にマヒがあったり、硬直していたりすれば、湯船で過ごすひとときは体に自由を取り戻す解放のひとときでもあるのだ。Eさんは火傷を負ったあとは、数日の間お風呂を我慢し、医者の許可を得て、足をビニール袋で保護して足を吊るしながらの入浴を準備することになる。

そんなスタイルでの入浴は、大好きな入浴の楽しみを半減させてしまう。また、無理な姿勢になるので、逆に体が痛くなることにもなってしまう。

一度火傷をしてしまえば、治るのに最低でも三カ月かかる。火傷を負うのは一時、それを治すのには、長い時間がかかるのだ。

火傷をさせたくて沸騰しているようなお湯を湯たんぽに入れたり、湯たんぽを利用者の足に接触するほどに置くヘルパーがいるはずはない。しかし、湯たんぽというあまりにも日常的なケアを軽視した結果の失敗には間違いない。脊椎損傷のEさんには熱さを感じとって、湯たんぽを外すことは出来ないのだ。

くつろぎの入浴タイムの最中に低温火傷の原因を作ってしまったこともある。Eさんの浴槽には「自動」

湯沸かしシステムがあり、お湯が一定の温度に保たれるようになっている。Eさんの足が浴槽の自動湯沸かしのあるちょうどその位置に固定されてしまったために起きた事故だった。Eさんの足は熱さを感じることが出来ない。この後も三カ月間困難な入浴が続いた。こんなことがあってからは、私たちは、入浴時、「自動」システムを「オフ」にすることにした。

〈ストーブの火でも〉

ストーブの火が原因だったこともある。寒い冬、足先の冷たさを感じたEさんは、ガスストーブに近づいて足を温めていた。80センチは離していたので、普通私たちの感覚では火傷など考えられない。現場にはヘルパーなどがいなかったために、正確なデータにはならないが、夜足を見てみると、うっすらと赤くなり、明らかに低温火傷だった。私たちなら足をストーブにかざして、じわじわ熱くなったらおのずと足を引っ込める動作をするだろう。しかし、Eさんの足先のセンサーは十分ではなかった。

マヒした体の回りには危険が一杯だ。私たちが間接的にセンサーにならなければならない場面が沢山ある。

湯たんぽの扱い方

〈湯の温度〉金属製は80度位、ゴム製では60度以下。

〈湯の量〉金属製はほぼ一杯に口まで入れ空気を抜く。ゴム製は湯を三分の二入れて空気を抜く。（空気があると膨張して危険）

〈注意〉・栓をしっかり締め、さかさにしても湯が漏れないことを確かめる

・湯たんぽには厚手のカバーをする

・利用者の足に直接触れないように

・10センチ以上離しておく（毛布などの上に置けばより安全）

・ときどき観察し、やけどに注意

あのナイチンゲールも湯たんぽについて触れている。『看護覚え書』（現代社刊）では、湯たんぽに熱湯を注ぐような看護婦を批判している。

「湯たんぽは、素手で触れて心地よく感じる程度以上の温度であってはならない。八時間以上の保温効

果など期待してはいけないのである。」

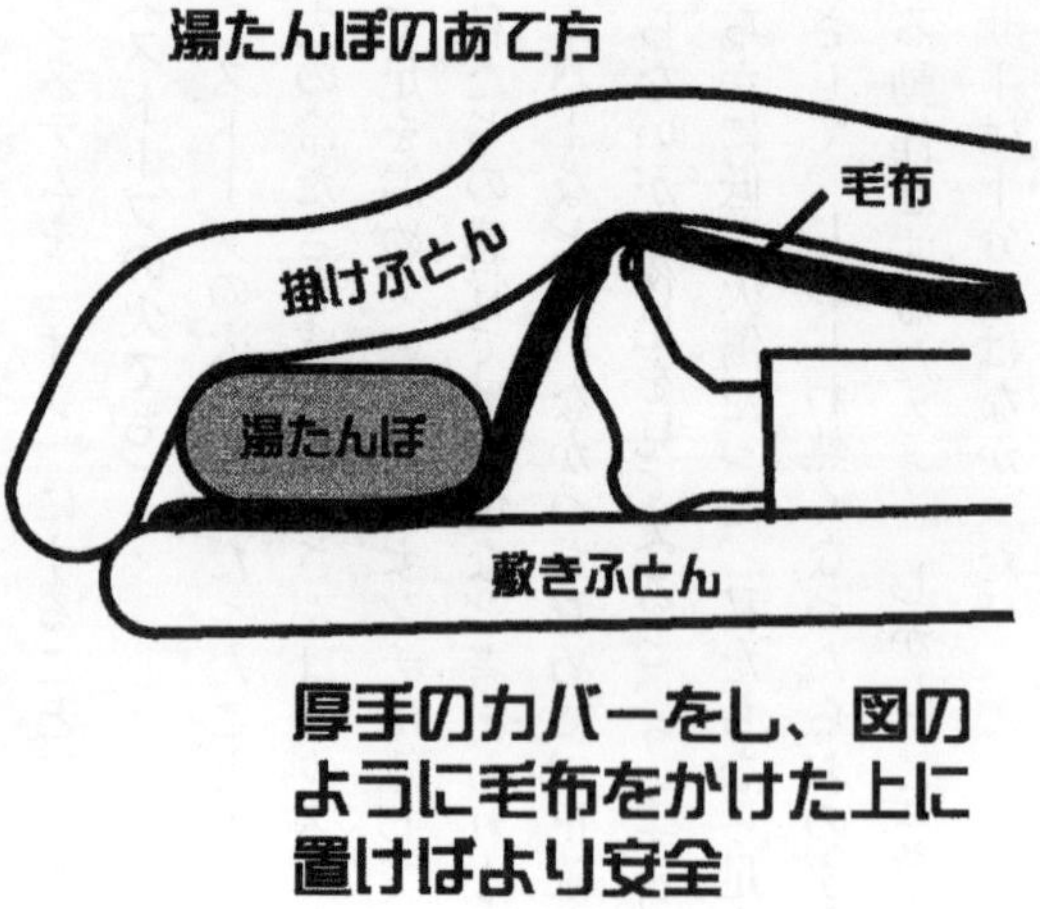

⑶待ちわびた手紙——メンタルケア

イブニングケアに通ってくるOさんは二十代の発病以来三十年も精神病を患っている。今回は、厳しい猛暑で体力が消耗していたせいもあってか、鬱状態が重くなったということで、自分から入院を申し出た。入院する前の春の期間は、私などから見れば調子が良さそうで、五月には、カナダから訪れた「精神障害者・患者評議会」（カナダの当事者組織）の仲間たちと鎌倉に親善旅行に出かけたり、西荻館のイブニングケアにも毎回やってきていた。

彼は、親善旅行で知り合ったカナダのサバイバー（元精神病患者）に手紙を書きたいと、スタッフの援助もかりながら英文の手紙を書き上げた。そして、入院してからもその返事が待ち遠しく、何度も何度も、西荻館に電話で確かめてきた。

八月になって、彼が待ちわびていた手紙が西荻館に届いた。私は、早速病院のOさんあてに転送した。この手紙が、本当にうれしかったのだろう。Oさんの退院は、それからまもなくのことだった。

Oさんに対して、西荻館の介護スタッフはこの一年間、定期的なホームヘルプを続けていた。訪問のきっかけは、区の保健相談センターからの依頼であり、それまで訪問していた福祉公社が「精神障害者」へのホームヘルパー派遣を取り止めたため、Oさんが非常に困っている、ということから、西荻館にまわってきたケースである。

私たち、西荻館のホームヘルパーは二人でチームになってOさんを訪問する。介護内容は、掃除と洗濯である。鬱状態で朝はなかなか起きられないOさんであるが、ホームヘルプの訪問日は、いつも時間には、きちんと着替えをして、待っている。Oさんの構えが感じられる。

さて、カナダからの手紙を待ちわびて、少し感情を高揚させながら退院したOさんだったが、退院後、なんだか落ち込んでいるようだった。手紙の内容が関係しているようでもある。

手紙の最後には次のように書かれてあった。

「あなたが精神病院に入院している患者の助けになる目的にむかって頑張ってください」

Oさんの悩みは、「助けになるなんて」「頑張るなんて出来ない」ということだったらしい。

精神障害者にとって、待つということ、期待するということ、そして、期待されるということの重さが、私自身にも伝わってきた。Oさんにとっては、五月の連休のカナダのサバイバーとの交流と鎌倉旅行は、きっと輝くような日々だったのだろう。一年中のほとんどを重い鬱状態に沈んでいるOさんの心が熱く、そして仲間を受け入れられた日々だったのかもしれない。「頑張って——と言ってはいけない」という教訓はやはり実際的なのかもしれない。

もちろん、カナダで精神障害者の権利回復の活動をしている人たちが、不本意な手紙を書いたのではない。Oさんがカナダに手紙を出すという行動はとても積極的なもので、そのエネルギーは通常のOさんの状態をはるかに越えたものだったのだろう。西荻館で手紙を書くのを援助したのも間違ってはいなかっただろう。しかし、今回のことを通して、私は改めて精神を病んでいる人たちとの付き合い方の難しさを感じることになった。彼らは、時にとても創造的である。それは、私がこうやって文章を綴ることなどに比べられるものではない。その創造には苦痛が伴っているようなのだ。精神病を専門的に学んでいる訳ではないので、正しく説明することは出来ない。しかし、物凄いストレスをくぐって心の内側を表現しようとするのだと思う。Oさんは、そうやっていろいろな文章を書きためる。「自分の文章を出版する」のがOさんの夢だ。私はこれからもOさんの中の創造力というストレスとじっくり付き合っていくつもりだ。

(4)「声をかけないで」――車椅子介護

九十七歳のつやさんのお散歩介護を頼まれて一年ほどお付き合いした。つやさんはすっかり痩せてしまい、自力では歩くことができない。お散歩も、車椅子を使用する。車椅子を押すこと一時間あまり。つやさんはその間、変わりゆく街の風景を楽しんでいる。つやさんの家は駅のすぐ近く。知り合いも多く、散歩の途中、街を歩く知り合いに道で出会うことがよくあり、出会った方はつやさんに声をかけてくれる。そんな時は私はしばし車椅子を止めて挨拶することになる。

ところが、つやさんはそんなひとときがいやでたまらないようだった。

「声をかけられてうれしいのか」と思えば、全くそうではない。知り合いに出会っても、出来るだけ速やかにその場を立ち去りたいというのがつやさんの本意だと気づいてからは、たとえニコニコ笑って近づく人があっても、「申し訳ありません」とかわすことにした。ヘルパーの私から声をかけられることも、つやさんは好まないようだ。ただゆっくりと自分流に散歩を楽しみたいようだった。

「声をかけられたくなかった」本当の理由は

つやさんは、昨年夏九十八歳で亡くなった。最期まで強い意志と生きる意欲を持ちつづけ、臨終のお顔は童女のようだったと、娘さんが話していた。そして今、三十キロを割った細い体で車椅子にやっと座り、外気の中を移動していた姿を思い出して、私は気がついたことがある。

「声をかけられたくない」「散歩中に誰かに会いたくはない」「立ち止まりたくない」その真意は、もしかしたら、つやさんの体は、本当に辛うじて車椅子に座って、外の景色を肌に感じ、息をするだけで精一杯だったのではなかったのか。途中、知り合いに会って声をかけられたことに気持ちを動かす、対応する、その上、愛想するなどの余裕など、全くなかったのではないのか。

九十八歳という年齢、当時の栄養状態、家の中での生活状況などを考えれば、一日に一時間、外出するということはとんでもない重労働だ。車椅子にのって散歩するということの大変さを、私はどれほど理解していただろうか。いや、全く理解していなかったといってよいのだ。

介護人として大切なこと。つやさんの体中が感じていた外気の風を、つやさんと同じように、私たちも感じられる感性がなくてはならなかったのだ。つやさんは口では何も言わなかった。

このことは、命の最期まで美しく、厳しかったその姿が私に教えてくれたことだった。

つやさんのお散歩に付き合わせてもらえたヘルパーは私のほかにも沢山いた。私だけではなく、仲間のヘルパーさんも気づいていなかったと思う。なぜなら、皆それぞれに「自己流」を持っているのが見られたからである。

娘さんが言ってくれたことがあった。

「先日、いつもの方に急用があって、初めて車椅子を押すという人が来てくれたんだけど、帰ってきたら、母が――もう、あの人には頼まないで――と強く言うんです。よく聞いてみると、その時のヘルパーさんは母を川縁に連れていって、川にいる野鴨や鯉のことを話したらしいんですが、母にとっては怖くて怖くてたまらなかったらしいんです」

そのヘルパーさんは、つやさんを怖がらせたくて川縁を歩いたのではないだろう。きっと川の側は気持ちが良いだろうと考えたのだろう。しかし、思えば川縁は地面は斜めに傾き川に向かって下がっている。そんな所を車椅子を滑らせたら。私たちは、いつも車椅子をその後部から、そして高みから見ている。

私たちは、自分ではしっかり足で地面を踏みながら、車椅子に「乗せられている」利用者の危うい不安に無関心でいるのだ。

車椅子介護について

・あなたは車椅子の利用者になったことがありますか――道や段差、路面のでこぼこや傾きがどんなに恐ろしいか。介護をする私たち自身で体験することも必要。

・介護人は車椅子を押す人。移動の主体は車椅子に乗っている利用者である。そのことを忘れないことが大切だと思う。方針を出すのは利用者、利用者の行きたいところ、通りたい道、眺めたいもの、入りたい店などなど、利用者に意向を聞いて確認してから行動を。「声かけ」が重要な要素になるだろう。
・利用者の足がフットレストから落ちていないか。脊椎損傷などの「障害者」は足先の感覚がない。気がつかないでいると、足先が地面を擦って、骨折の危険にもなる。
・車椅子のサイドから利用者の肘がはみ出していないだろうか。肘はきちんと車椅子の幅の内側に納まるようにすることが大切。肘が壁などに当たると怪我のもとに。
・ちょっとした傾斜でも下る時はバックで。利用者がのめりおちたら大事故に。事故にならなくても、バックの方が安心。
・車椅子を止める時、ほんの短い間でも、必ずロックを。利用者を乗せたまま、万が一その場を離れなければならない時には、車椅子のロックだけではなく、車輪止めをしよう。石などで。

車で移動のため、運転手と車椅子介護を兼ねていた介護人が、荷物を車に積む間、車椅子を離れたその間に、「障害者」を乗せた車椅子が坂道をころがって「障害者」が足を骨折してしまった、ということが、私の知り合いでもあった。この時はロックをしたかもしれない。しかし、坂道での車椅子の止め方が不十分だったということになる。

このような事故は、利用者である「障害者」と介護人（私の知っているケースでは家族だったが）の信頼関係を決定的に破壊してしまうことにもなる。もちろん、仕事で介護する私たちにとっては、あってはならないことだ。
・車椅子の点検を忘れずに。タイヤの空気や傷、ブレーキなど。事故につながる危険にもなりかねない。
・車椅子を時々、洗おう。よく見ると、座席の隅に食べ物のカスがついていたりして車椅子って、結構汚れている。車椅子の掃除も、きちんと介護内容として計画したいものだ。利用者にも喜んでもらえるだろう。

〈スロープの昇降〉

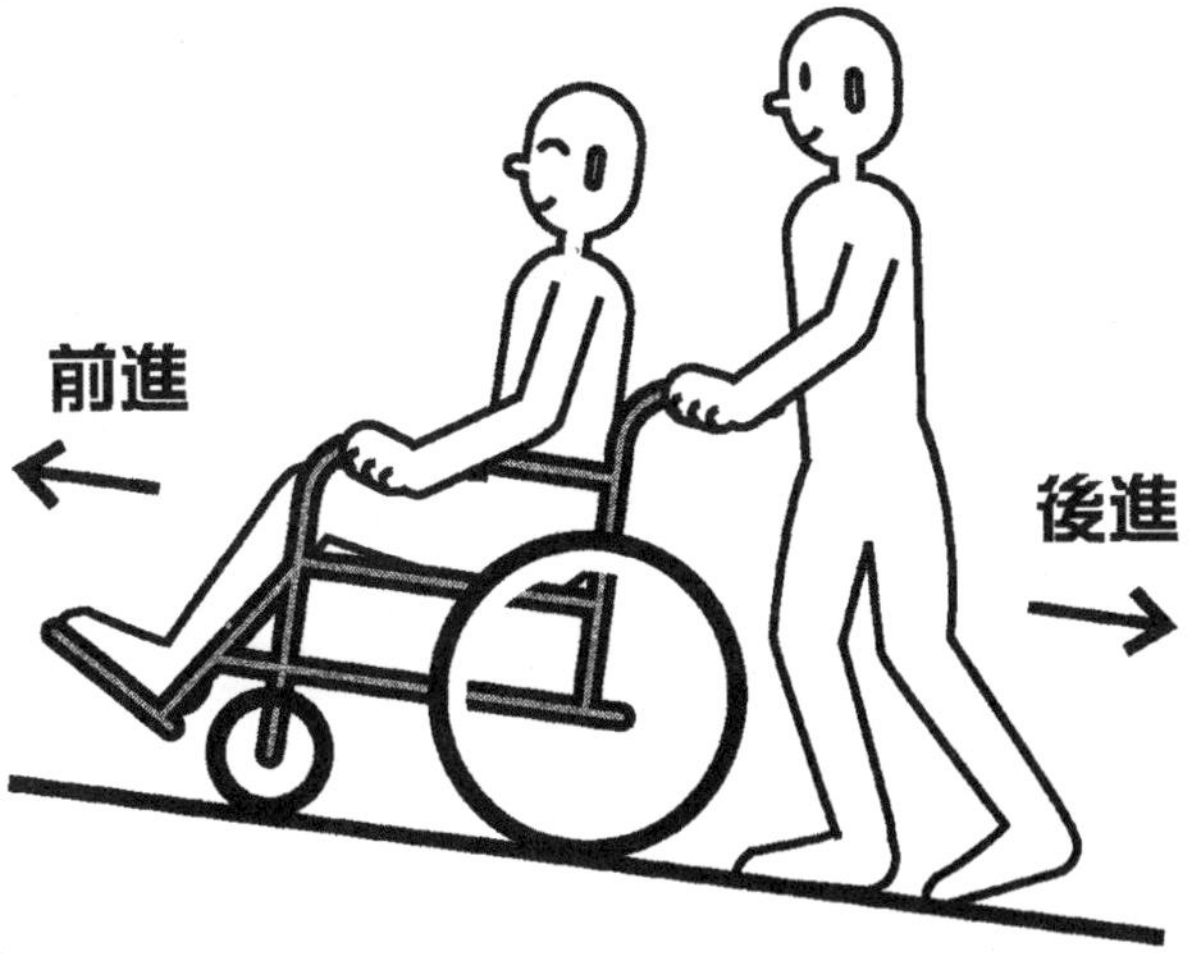

〈溝越え〉

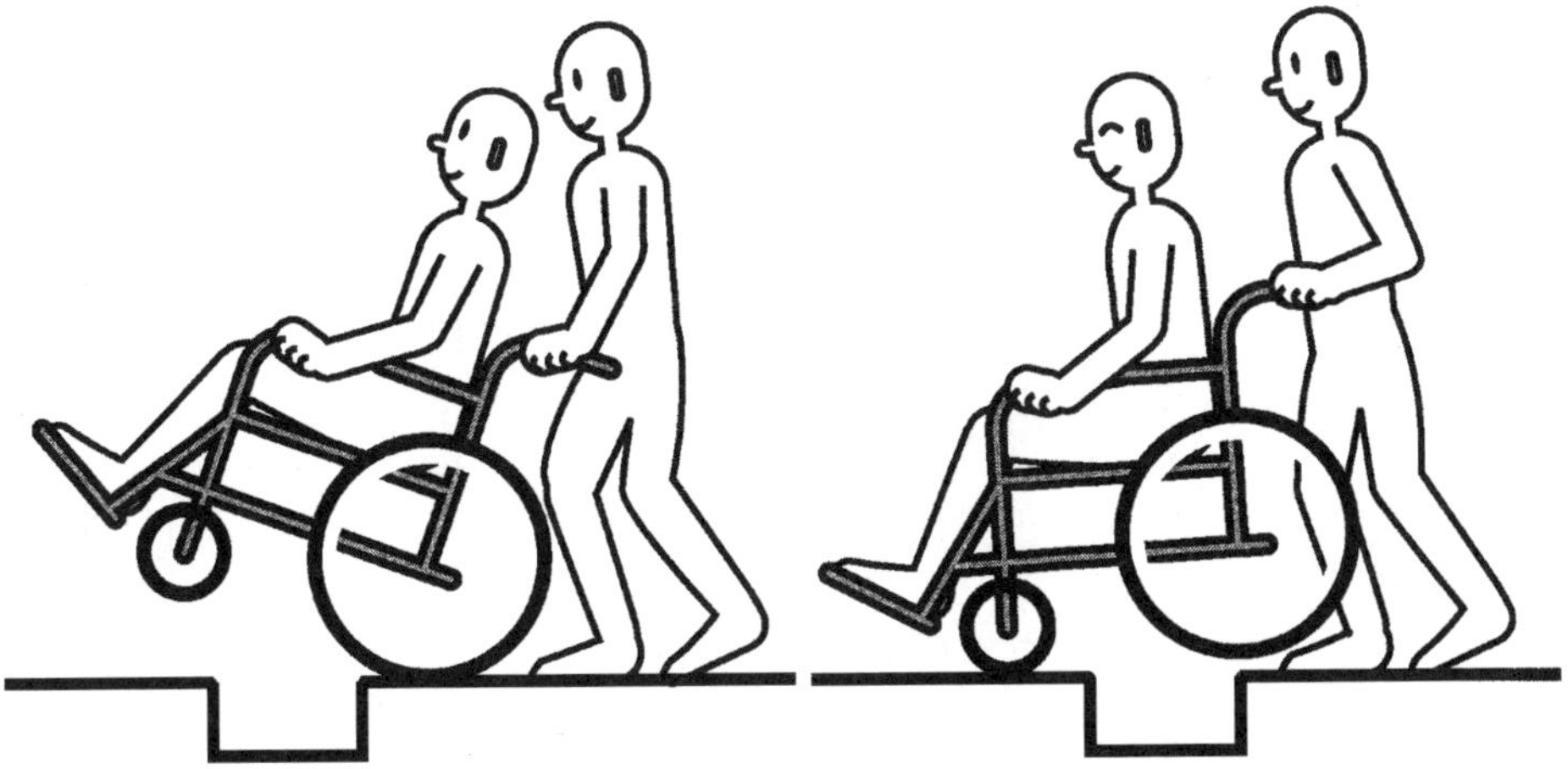

車椅子介護――主体は誰

つやさんの車椅子介護を続けてきて、私が学んだことは、散歩しているのはつやさんであり、私たち介護人はそれを援助しているのだということだった。街並みを移動しているのは私たちではない、主体はつやさんなのである。

私の介護体験の中でこんなこともあった。車椅子の利用者がクリスマスコンサートに誘われた時のことである。

コンサートは都内の教会が会場だった。ところがコンサート当日はあいにくの雪、とても寒い日になってしまった。利用者は会員として登録している移送サービスに連絡して運転手を確保することにした。

私も介護人として付き添うことになった。雪の中の車椅子移動は大変である。その上、その教会にはエレベーターがなく、屋外の階段を何段（おそらく二十五段以上はあったと思う）も登らなければならなかった。

現場に着いて私たちはびっくりした。しかし、今さら引き返せない。教会の人たちにも手を貸してもらい、四人がかりでその利用者の乗った車椅子をホールまで運んだ。その間、階段は雪のために滑り、強度の緊張の連続だった。

側にいた私でさえ、その怖かった感覚を今も忘れない。危険な状態で車椅子に乗っていた利用者の恐怖はどんなだったろう。一歩間違えば命にかかわる事故も考えられた。

初めての場所に同伴する時の注意

・行き先の設備について事前に調査しよう。現場にいくことがベストだが、電話でも様子はわかるだろう。トイレ、エレベーターのチェックを。
・雪や雨の対策は十全でなければならない。
・誘ってくれる人は、車椅子の安全まで考えて誘ってはくれない。
・車椅子の人に参加を呼びかける時は、車椅子での移動、参加が可能か、安全かを確認してから声をかけよう。

＊

(5)口の中に残っていたものは――嚥下障害

大腿骨骨折で入院した華さんは九十一歳。在宅でのホームヘルプを依頼されていた私は、華さんが入院してからも、入院先の病院に通い続けていた。介護内容は、昼食時や夕食時の介護、おやつや水分の補給、話し相手などだ。病院側で着替えした寝巻やタオルの洗濯物を回収して、また補給する、病院と家族の連絡役という役割も果たしていた。

華さんは歯がなく、入院してからは、片方だけあった入れ歯もあわなくなり、食事はミキサー食だった。おやつもプリンや水羊羹などきわめて柔らかいものにしていた。

その日の昼食時のことだ。食事を一通り終わらせた華さんの口の中に何かが残っているようで、華さんは飲み込めずにいる。

「何だろう」「華さん、口を開けて」

私は、指をそっと華さんの口の中に滑り込ませてみた。口の中にはりついていたのは、桃だった。

そういえば、食事の後、同室の患者さんの娘さんという方が、部屋のみんなにデザートの桃を配っていたのだった。いわゆるおすそ分けだ。娘さんは、お母様の介護には大変自信があるようで、食事の際も病院食以外のご馳走を用意しているようだった。華さんの食事の世話をする私としては、もう少し、華さんの呑み込みの具合を考えて欲しかったと思うのだが。または、病院以外の食べ物は、一応看護婦か付き添っている利用者の家族、ヘルパーに確認してから配った方がよいのでは、と思うのだ。

「華さん、桃どうぞ」と差し出されてからではちょっと遅いのだ。

嚥下障害について

口中の飲食物は唾液を伴なって、咽頭・食道を経て胃のなかに送られる。この働きを嚥下という。スムーズに嚥下できるためには、十分な唾液の分泌が必要である。数ミリリットルの唾液は数百ミリリットルの水に相当すると言われている。

食塊が咽頭を通過する時は反射運動で、食物の逆流や気道に入るのを防いでいる。

食物が間違って気道に入ると、重大な事態を起こすこともしばしばある。

華さんはその後、入院中、食物が気道に入ったことが要因になって肺炎を起こし、亡くなった。(華さんのことは3「介護家族を支えたい」でも触れている。)

病院ではこのように誤飲がよくあるが、食事を食べる際の姿勢の問題も指摘される。

病院では、寝ている患者を食事の時ギャッジベッドで起こして、ベッド上で食事介助することが多い。この時にベッドの角度が不十分だと、口腔内の食物が重力によって勝手に喉に入り込んでいく。麻痺があったり、痴呆だったりすると正しい反射が出来ずに、食物が気道に入っていくことになるのだ。

食事はきちんと座った姿勢で食べることが誤嚥下、誤飲を防ぐためにも必要である。

(6) ポータブルトイレの後始末

いつものようにEさんの家に夜七時に介護訪問をする。ベッド脇のポータブルトイレで排泄の介護をしようとポータブルの蓋を開けると、中に多量の軟便が溜まっていた。

「あら、便がいっぱいはいってますよ」

Eさんもびっくり。

「いやだわ、娘が片づけてくれなかったのかしら」

Eさんの話はこうだった。

その日は訪問看護婦が午後の三時に来て、Eさんの排便のケアをすることになっている定期的な訪問日だった。看護婦が来る前は娘さんが介護にあたっている。その日、お腹の調子か、薬の加減か、看護婦が来る前のトイレの時に便が大量に出てしまったということだった。Eさんは娘さんに、便処理を頼んだところ、娘さんは、

「でもお母さん。看護婦さんは、排便のためにくるんだから。この便はこのままにして、量や色などを観てもらったほうがよいでしょう」と言ったという。

遠慮がちに話すEさんに、私は、「それは、娘さんが正しいですよ。娘さんは悪くないわよ」。

安心したEさんは次に、「看護婦さんは、ちゃんと観てくれたのかしら。頼んだんだけれど」。そう言うEさんは何だか残念そうだった。

その顔を見て、私には感じることがたくさんあった。

介護実習で

排泄の介護はその後始末までが仕事だと、当然にも考えているが、このごろはどうもそうでもなさそうである。これはどういうことなのだろうか。

私が福祉専門学校に在学中、特別養護老人ホームで介護実習をした際、初めの実習先で学んだことでとても重要だったと思えることに、オムツ交換時の汚物の処理がある。

実習生としてまだ二、三日目だったと思う。オムツ交換で、担当した利用者のオムツを開くと、大量の便だった。ほとんどの老人ホームでは利用者の排便は下剤などを投薬するので、便も軟便や下痢便のような場合が多く、その時もオムツカバーまで便が溢れるようだった。しかも、手慣れない実習生の私の技術ではその便を処理しようとすればするほど、便がシーツなどにもついてしまい、収拾がつかなくなってしまった。困惑する私に対して、援助と指導の手を差し伸べてくれたのは私の指導責任者でもあった寮母長だった。

彼女は、私が手にあましている汚れたオムツやオムツカバー、シーツなどを、それは速やかに一つにくるみバケツにスルリと畳んでしまったのだった。その手際の良さ、動作の機敏さに私はほとんど見とれるほどだった。まさに「アート」と言える介護内容だった。

彼女は私に指導者として教えた。

「便処理は、後の人のことも考えてね。このバケツを後始末する人のこともね」

私はその後もこの寮母長から介護についての大切なことの多くを学んだ。

話を先のEさんの件に戻すと、最近Eさんの家のトイレが汚れていることが多くなったのが気になってた。私は排泄介護で使用したポータブルトイレを処理するためにトイレを使うのだが、便器に便などが付着していることが度々あるのだ。その度に私は、クリーナーをブラシに付けてゴシゴシ洗う。そうすれば便器はあっという間に見違えるようになる。つい最近まで私の前に巡回で入っているヘルパーが気がついても余裕がないのか、センスが違うのかと考えていたが、今回の件で、私の前には訪問看護婦が排便の処理をしていることもあるようだということが分かった。今の訪問看護婦は、便処理をどのように考えているのだろう。

汚物をそのまま部屋の中に置いておくなど、よいはずはないと思うが。

(7)時間を守る

開店時間

十月十一日（月曜日）、振替休日のこの日、私は二人の利用者から非難を受けてしまうことになる。

イブニングケアに使う食料の買い物を済ませて、西荻館についたのが午後の二時を回っていた。すぐに留守番電話をチェック——。

「一時に西荻館に行ったのに、閉まっていた。ちゃんと時間通りに開けて下さい。困ります」

聞き慣れたMさんの声だ。Mさんは、これまでも西荻館の開店（通常は午後一時）前から店の前に座り込んで、私の来るのを待っていることが何度かあったが、この頃は、夕方のイブニングケアの間際に来ることが多く、私は安心していた。

Mさんはこの日、三時に現れた。

「高橋さん、西荻館は時間通りに開けてください」

「ごめん、今日は車で来たの。道が混んでて時間がかかった」

Mさんは、通常のウイークデーには、電車を乗り継いで共同作業所に通っている。何か作業のようなことをするわけではないが、昼食が食べられることが重要なのだ。通うのに一時間以上かかる作業所の帰りにMさんは西荻館に寄り、一時を過ごし、夕食を食べて自宅アパートに戻る。

この日は、振替休日。作業所は休みだったのだ。きっとこの日は朝起きた時から、「一時になったら西荻館が開くから西荻館に行けばよい」と心に決めていたのだろう。実際は一時まで待っているのは大変な苦痛だったに違いない。常日頃「退屈と暇はまったく違うんだよ。退屈は耐えられないんだ」と言っているMさん。その苦しい退屈からの逃げ場として西荻館が位置していた。

Mさんの非難は続く。

「高橋さん。西荻館が閉まっていたので、僕は喫茶店でお金を使ってしまったよ」

私はMさんにあやまりながらも、心のどこかで居直っている自分に気づいていた。

「いつもはそんなに早く来ることないじゃない」

「作業所だって、病院だって休んでるのに、私は西荻館のイブニングをやるんだから、感謝されてもいいのに」

　そのような居直りの気持ちが、「開店時間が少しくらい遅くなってもいいや」という思いになり、Mさんに迷惑をかけたことになる。

訪問時間

　振替休日のこの日、イブニングケアの後、私は夕方から夜の時間帯のホームヘルプに向かった。イブニングケアの後片付けを済ませ、利用者宅に到着したのが七時半を少し回っていた。いつもは七時半までには訪問していたので、「少し、遅れたかな」と急いで靴を脱ぎ中へ入ると、

「遅い」といつになく怒られた。何だかとても腹を立てている様子で、

「たった五、六分でそんなに怒らなくても」と心では考えていた。すると、利用者はこう言うのである。

「ほかの日のヘルパーさんは、六時半には来てくれる」

　私には初耳だった。この利用者への介護は、一日に何人もの介護者が時間を決めて訪問している。体制を組んだ時の確認では私たちの訪問は、「七時から七時半」「寝る前の入浴だからなるべく遅いほうが」ということだったと思う。巡回ホームヘルプが入るようになって、確か四時半ごろ排泄介護のために訪問が入っているはずである。

　ところが、月曜日は、排便のための訪問看護が二時半ごろ来るということだった。そのことを私は、この日初めて知ったのだった。

　私は、この日改めて利用者と、訪問時間についての確認をしなおした。私は一貫して七時半の訪問時間を守っていただけだったが、ほかのヘルパーさんの訪問時間が少しずつ早くなっていたり、訪問看護の時間が変わったりしていたのだ。

　さらに、その日は振替休日。通常ならば、娘さんが来て一緒に買い物に行くという日課もなく、その日はきっと退屈な一日を過ごしたため、私の五分の遅れが非常に長い、耐えられないものに思えたのだろう。

　ホームヘルプの訪問時間は、どんなことがあっても遅れてはいけない。それだけではなく、時々は利用者

との間できちんと確認し合うことも必要である。月日が経てば、同じ利用者でも体調も変わるし、家族の状況も変わる。食事時間やトイレタイムにも変動があるかもしれない。私は、利用者サイドの状況の変化にかかわらず、「はじめの確認」を堅持したため、だんだんとズレが生じていたことに気づかなかったのだった。

この日の五分の遅れは、利用者にとっては、「一時間の遅れ」だったのだ。

(8)震えの原因は──観察、管理

これは、私が介護福祉士の資格取得のために専門学校に通っている時の介護実習での体験である。二年間の修学過程で介護実習には合計十週間が充てられた。

実習は第一段階から三段階まであり、専門学校一年の時に、実習1（二週間）、実習2（四週間）。二年時に実習3（四週間）の介護実習を、私の場合は、それぞれ特別養護老人ホームで行った。

初めて体験した特養の利用者とのかかわりで、今でも印象的に覚えている事例がある。それは、高齢の利用者が発熱を起こした時のことだった。当時の実習ノートを振り返ってみた。


（九月八日）

「昨日、Kさんが熱を出した。五日の機械浴のあと、体が震えていて、私は恐怖のためだと思っていた。ほかの寮母さんにも報告した。今にして思えば、発熱の兆しであったのかもしれない。季節の変わり目でもあり、高齢化すると、ちょっとしたことで変調がおこる。少し、おそろしくもあった」


Kさんは、九十歳を超えた利用者で、痴呆症状も進んでおり、自らの容体や要求を言葉に出して訴えることが出来ないほどの人だった。

機械浴の後の身体の震え──二日後の発熱

残念なことに、発熱に至るまで、実習先のこのホームではKさんに対し、何の手当てもされていない。当時の私にとっても、震えの報告がどのように対処されたのか、納得がいかないまま曖昧になっていった。

そして半年後の同じホームにおける実習2での四週間の最後の日のノートには──。


（三月二日）

「今日、高齢の利用者が39度まで発熱するということ

があり、それまでブルブル震えていたのに気づかなかった昼の体制が指摘された。すぐに、体温を計るべきであった。このような利用者の変化を速やかに見つけ、判断し、対処する力を身につけなければいけない。特に自分で訴えられない利用者には介護者に一〇〇パーセント責任があるのだ」

実習ノートにはこう記されている。この日のことは今でも鮮明に覚えている。この利用者はやはり九十歳を超えている利用者で、痴呆症状も重く、おむつ交換の時もなかなか触らせてもらえない。時には暴力をふるい介護者を困らせることもあった。コミュニケーションはほとんど不可能というレベルの利用者だった。この日、その利用者がベッドで座ったまま、ブルブル震えていることに、実習生の私は気づいた。私は日直の職員に、その報告をした。

「○○さんがずっと震えていますが、大丈夫でしょうか」

ところが、報告された職員は、

「大丈夫。○○さんはいつもあんな風に体を揺らしてるから」

私は、何か腑に落ちないまま、日常的な実習任務を続けた。夕方になり、寮母主任が出勤し、介護体制に入った。私は主任に、利用者の震えのことを報告した。報告を聞き、実際○○さんの様子を伺った主任は、すぐさま体温計を持ってきて、検温した。そして、熱は39度。発熱が確認されたのだ。

主任は言った。

「○○さんは喋れないのよ。こんなに震えていて、どうして気づかないの」

この日、私は、介護のプロフェッショナルとアマチュアの歴然とした違いを見せつけられた思いだった。施設の職員や仕事で介護をしているからといって、その介護者が本物とは限らない。ブルブルと震えている九十歳の女性を見て、

「大丈夫。いつも体を揺らしてるから」と判断して、なんの処置もしない職員もいれば、直ぐに、体温計を持ってきて、震えという症状から発熱を発見し、手当てをすることが出来る職員もいる。

もし、その日、その主任が出勤してこなかったら、○○さんは生命の危険に晒されていたかもしれないのだ。

夏の実習で、私が「少し、おそろしくもあった」と感じた内容がそれだと思う。

「いつも体を揺らしてるから」と何事もないように済ませてしまった職員は、どうして○○さんの変調をみようとしなかったのだろう。そして、検温するという実に簡単なことを、どうして思いつかなかったのだろう。主任という立場の職員には熟練という場数があったから出来たのだろうか。それとも○○さんが変わりなく穏やかでいることを願う介護者のこころから、変化をくみ取る技が出来たということだろうか。または、寮母主任という責任ある立場にあったから的確な処置が出来たということだろうか。

どちらにしても、この発熱を巡る実習先での体験は、それから八年も経つ今になっても強い印象に残っている。

観察の習慣化

ナイチンゲールは、看護教育の中で、観察の重要性を特に強調している。「観察は、雑多な情報や珍しい事実をよせ集めるためにするのではない。生命を守り健康と安楽を増進させるためにこそ、観察するのである」（『看護覚え書』）

観察と報告、これは利用者の生命を守っていくうえでなくてはならない看護＝介護の任務と言える。さらにナイチンゲールは「真実を述べること」の難しさを述べ、勝手な想像力のからみあった観察はずっと危険であると警告している。さらに、彼女は、「平均というものがまた、われわれを迷わせて厳密な観察から遠ざけてしまう」と言い、「平均値」はその利用者の正しい判断には役に立たないとする。

観察はそれぞれに個別的であり、その人その人のバイタルを常日頃からきちんとチェックし、微かな変化にも気づくような看護＝介護の質を訓練していく必要があるだろう。

○○さんの発熱を発見した寮母主任は、確かに観察という点でも優れた介護者だったかもしれない。しかし、リーダーとしての役割としては、その介護のセンス、技を職場全体のものにしていく必要がある、と考える。これはナイチンゲールが言うところの「管理能力」ということになる。

「責任をもっている――ということは、単に自分自身

が適切な処置を行うだけでなく、他の誰もがそうするように手筈を整える、という意味である」（『看護覚え書』より）

⑼喧嘩別れ——利用者の急激な変化の意味
赤く塗りつぶされたチラシ

私が介護を仕事にするようになったのは十年前である。それ以前にも私は何人もの老人たちと付き合いをしてきた。そして何人もの老人と別れてきた。思い返せば、介護という視点をもたないままに、随分多くの人たちを傷つけてきたのかもしれない。

とりわけ印象的なのが、「喧嘩《けんか》別れ」であり、これは言葉通りに劇的なものであった。私は、介護の仕事をする前に、数年間生協の運動員として活動していた。その生協は、杉並区だけで展開する小規模なもので、無農薬野菜や低温殺菌の牛乳などを扱っており、私自身の食生活に対しても大きな影響を与えてくれた。とりわけ無農薬野菜の産直運動は、野菜の本来のうま味を私に教えてくれ、子どもの頃からの難題でもあった野菜嫌いを改善してくれた。

この小規模な生協は、地域密着型で、私が活動している時は、担当の地域を一軒一軒「ご用聞き」して回り、配達も一軒一軒手渡しするという古典的とも呼べる方法だった。しかし、その方法の中には、大規模店舗や大型化した生協には見られない、顔の見える温かさがあったと、私は考えている。

私が担当する地域には様々な利用者がいた。大きな家を構えて、何世代もが同居しているうち。同世代では社宅やアパートに住んでいる人も多かった。そんな利用者の中には、独り暮らしの老人もいた。私が初めて介護の仕事を引き受けることになったEさんも、この生協の利用者だった。

毎週欠かさず「ご用聞き」に訪問するという関係は独りで暮らす老人たちには、私の予想以上に貴重なものだったに違いない。私は、その家その家を訪問する時間も大体決めていたので、その時間になると、玄関の鍵を開けて待っている老人もいた。とりわけ妻を亡くして独りになった人は寂しさも大きいようで、私の訪問はとても喜ばれていた。

私は、野菜や石鹸、そのほかの注文を貰うことが目的だったが、それに止まらず、色々な話をした。時には家の中に上がり込んでお茶を飲んだり、簡単な家事を手伝うこともあった。そんな老人たちの中には科学者、作家、画家などかつて社会の一線で活躍していた人たちも多かった。また、大政党に所属し、政治活動を展開していた人もいた。明治から大正、そして昭和の激動を生き抜いてきた老人たちの、人生の話に耳を傾けるのは、楽しいひとときだった。

穏やかに繰り広げられてきた関係が、突如嵐に見舞われたかのように崩されるのを、感じる瞬間があった。それまで何年も訪問し、楽しく語らい、私もその人が好きだったし、私も好かれてると思っていた、そんな人に突然変化があらわれるのだ。

その人は医学博士で、大学病院勤務も長かった人だった。名前をTさんと記憶しているが、ある日、私が訪問すると、一枚のチラシを持ち出して、私に示した。

「これはいけない。間違っている」

そのチラシは、ある労働組合のチラシで、その前の週の訪問時に私が彼に渡したものだった。私たちの生協は労働者の立場に立った生協で、五月一日のメーデーにも会として参加してきた。労働者の権利を訴えていたチラシの文面は真っ赤な色のペンで内容が見えないほど塗られていた。

いつもは穏やかで優しく、毎週同じ時間に訪問する私を待ちわびているようだったTさんのどこにこんな激しさがあったのだろう。その剣幕に私は驚いたが、それも束の間だった。赤く塗られたそのチラシを突き出され、私の中にははっきりとした憎しみが湧きだしてきたのである。憎しみに押されたかのように、私の口から激しい言葉が出ていた。

「Tさん。Tさんがこのチラシの内容に賛成ではないのはよく分かりました。でもこんな風に真っ赤に塗りつぶすなんてひどいと思います。残念ですが、私はもう来ません。さようなら」

私のこの反応にさらに驚いたのがTさん本人だった。一言も語らず、ただ目を丸くして私を見ていた。

Tさんの家を飛びだして歩きながら、私は悲しくてたまらなかった。それは、決して短い時間ではない、何年もの時間を経て訪問し続け、その人の必要にも応えてきたと思っていた相手との価値観の違いを突きつけられた衝撃だった。今思い返せば、大人げない私の態度であった。もう二十年も前の話である。

後に聞いたことであるが、Tさんはその後間もなく病気になり、息子さんの所に引き取られたということだった。Tさんの妻が元気だったころからおよそ三年間、私が通いつづけた古いたたずまいの木造の家屋は、現在、鉄筋のアパートになっている。

「あんたにはもう用なしだ」

岡田さんとの関係は、もっと豊かなもののはずだった。岡田さん夫婦も生協の利用者で、無農薬の野菜を定期的にとっていた。胃ガンを患っていたみさおさんを失ってからも私は岡田さんの家を訪問し続けたがそれは生協の関係を超えたものだった。八十歳を過ぎてもダンディーで話題にも富み、とっても素敵な岡田さんは、出身地が同じ函館ということもあり、私たちは、年齢差が四十歳以上もあるとは感じられなかった。東京外国語大学（岡田さんの学生時代は専門学校）でスペイン語を学んでいたという岡田さんはスペインやフランスの映画や文学が好きで、いつも私に話してくれた。岡田さんは油絵をしたためていた。学生時代から絵を描き、気に入った絵を何枚か見せてくれた。パリコミューンにも参加したクールベの絵画展を二人で観にいったことは忘れられない思い出である。

そんな岡田さんも八十三歳を過ぎたころからなんだか頼りなく、顔色も冴えなくなってきた。私が訪ねても不機嫌なことが多く、何かと不満をぶつけるようになった。その内に岡田さんは背中に激しい痛みを訴えるようになり、訪問した私に温湿布を頼んでくるようになった。私が背中から温湿布をすると気持ち良さそうだった。そのほかにも買い物や食事作りという日常的な援助を、私はなんとなくするようになっていた。

その日、いつものように顔を出した私に、岡田さんが言葉をぶつけるように投げかけた。

「あんたにはもう用なしだ」

「え？」

「あんたにはもう用なしだ。もう来なくていいよ。明日には新しいヘルパーが来る」

その時、私にはなんのことか分からなかった。ただ岡田さんが発した言葉を許すことが出来なかった。そしてこの時以来、私は岡田さんを訪ねることをきっぱり止めてしまった。

まだまだホームヘルパーでも何でもなかった私はその時、自分勝手に、

「この傷口はおおきいぞ。もう行ってやるもんか」

と自分に言い聞かせていた。今思えば安っぽい感傷だったようだが。

二ヵ月ほど経って、私は岡田さんの家の前を通ってみた。すると、なんだか誰もいないようなのだ。次の日も通ってみた。見慣れた郵便受けから水道料金の請求書のようなものがはみ出ていて、岡田さんの不在を暗示していた。

「どうしたんだろう。もしや」

私の直感は出来ることなら当たってほしくなかった。岡田さんの家の両隣には、妻のみさおさんの親戚が住んでいた。私はとなりの家を訪ねることにした。そして、悲しい話を聞かされたのだった。

「岡田さんは二ヵ月ほど前、出掛けようとして玄関で転んでね。荻窪病院に入院しているんですよ」

「それで、どういう様子ですか」

「寝たきりになってしまったよ。でもこのごろやっとおむつを拒否しなくなってよかった」

親戚の人から聞かされた内容はショックなものだった。

「プライドが高く、何よりも自由を愛していた岡田さんがおむつを……」

私は入院している岡田さんを見舞った。力のある鋭い目は変わらなかったが、すっかり痩せてしまい、何か病魔に憑《つ》かれているようだった。側には岡田さんの世話をするヘルパーさんがいた。その女性は私と岡田さんのやり取りを見て、すぐに私のことが分かったようで、

「いつも、あなたのことを話していましたよ」

と言った。やるせなかった。

数日後、再び病院を訪れた時、病室に岡田さんはもういなかった。看護婦から岡田さんの死を聞かされた私は、その看護婦に迫るように質問した。

「岡田さんの最期の様子を聞かせてもらえませんか」

しかし、看護婦の答えは「身内の方以外にはお話しできません」というものだった。岡田さんは生きる気

力をすっかり無くし、食べ物を拒否していたということだった。遅すぎた私の訪問は、彼の最期にどのような意味をもっていたのだろう。

「あんたにはもう用なしだ」――

その一言に逆上した私。岡田さんにその言葉を言わせたのは何だったのか。私はずっと後になって、そう、ホームヘルパーになって何人かの老人たちの生活に直接にそれも、仕事として係わるようになって初めて考え、そして重要な失敗を発見することになった。

「二万円なくなった。あんたがとったんだろう」

それも突然の嵐のような出来事だった。やはり生協の利用者の家で、昼間は独りでいる高齢の女性はすでに足も悪く、出歩くことも出来なかった。私がご用聞きで訪ねると、とても喜んでくれて、いつしか私も甘えて上がり込んでお弁当を食べたりするようになっていた。ホームヘルパーになった今になって思い返せば、発語障害もあり、脳梗塞を患っていたのだと思う。

いつものように訪問すると、いつになく恐い顔をして「二万円なくなった。あんたがとったんだろう」という言葉を投げかけてきたのだった。私はびっくりした。

「どうして、そう思うんですか」

「だって、ここにはあんたしか来ない」

その時、私は介護というスタンスを持ち合わせていなかった。そのままびっくりしてその家を後にした。そして、二度と彼女の元を訪れることはなかった。

老人の急激な変化は、重大な信号

そのほかにも、同じような体験を繰り返してきた。そのように、老人たちの私への対応に、驚くほどの激しい「非難」が現れると、大体決まって、その老人の身体に異変が起こっているのだ。岡田さんの転倒―入院が典型的である。

「あんたにはもう用なしだ」

「あんたが盗んだんだろう」

「あんたは間違っている」

あんなにも、私を待ちわびて、可愛がってくれた人たちが急に私を憎らしくなる。これは何だ。こうして介護という仕事を繰り返す中で、それらの「非難」が私に対して救援を求めていたということがやっと分かるようになった。

岡田さんは、肺ガンに冒されていた。背中じゅうに激痛を訴え、私にいつも湿布薬の張り替えを頼んでいた。私はその痛みを理解してあげられなかったのだ。

Tさんのあまりにもの孤独を私は少しも知らなかった。Tさんが大学の先生もやっていたインテリで、例えば私たちの労働者としての戦いなんかも考えてくれるんじゃないかなんて考えていた私は、自分のことしか大切に思っていなかった。自分たちの価値観をおしつけ、拒絶されて「喧嘩別れ」するなんて、とんでもないことで、この場合は私が加害者だ。

「あんたが盗んだんだろう」と言うまでに、精神状態が後退していることに、私は全く無関心だった。

このように、老人たちが元気で優しく、私を包んでくれる時は、擦り寄っていって、相手がどこかに病いや困難を抱えたとたん、逃げ出したのは私の方だったのだ。逃げ出した私。これは、今までの中で、もっとも大きな失敗と言えよう。たとえ、私が介護者ではなかったにせよ、自分自身を愛してくれていた人たちが、逆に私からの愛情を求めていた時に投げ出したのだから。この失敗の教訓は、

「人間はお互い様だ」

ということであり、例えば、何かを与えられた時には、何かを求められているということを忘れてはいけないということである。

さらに、あいまいな人間関係は、逆に相手を傷つけてしまうということである。その意味でも、私は介護をきちんとした仕事として、契約としておこなっていくことが大切だと考える。

⑽記録の大切さ

こんないくつかの介護場面を思い出しただけでも、私たちの介護は失敗で一杯である。大切なことは失敗や喧嘩も包み込んで、乗り越えて、利用者との信頼関係を深め、一度おかした失敗を繰り返さないことではないだろうか。

介護の現場での失敗は、一歩間違えば利用者の命にも係わってくるからだ。Eさんの低温火傷、排便介護のケースはなぜ、何度でも繰り返されるのか。特別養護老人ホーム実習時に体験した九十歳を超えた利用者への対処の遅れも繰り返された。なぜだろう。それが、

ナイチンゲールが言う、「観察と管理」の問題ではないだろうか。

彼女が強調する管理とは、現在言われているケアマネージメントを示してもいる。介護は決して介護者の個人的、アマチュア的なものではいけない。常に検証され正しく継承され、報告されていかなければならないだろう。そのためには記録するという習慣が決定的になってくる。私たちの介護の失敗は、記録しなかったための失敗と反省することもできるのではないだろうか。

介護を一生の仕事にしようと、住み込み型介護の世界に入って十年。私は自分自身が書きためた沢山の記録に助けられ、教えられて今日まできたと言っていい。それは毎日の介護日誌にはじまり、手帳に書き記したちょっとしたメモ。帳簿。介護相手の高齢者や「障害者」からもらった手紙やメモ。さらに公に、そして定期的に出している会報「えいじんぐ」。学習ノート。そして雑誌や新聞、依頼された著作も、みな貴重な記録の賜物である。

私は、考えて、介護し、そして書く、という方法ではなく、介護し、書いて、考え、また介護する、という方法の中で、自らの介護を振り返り、失敗に気づき、「より良い」介護への検証を行ってきた。ヘルパー仲間たちとの間で、介護の失敗を話し合い、向き合い、学び合ってきた。

大切なことは正直であることだと思う。

記録の方法（高橋道子「卒業論文」より）

(1)専門的に記録する

介護の場面は日常の生活場面である。そこを巡る言語（表現）世界は、日常言語の範囲にあり、「話し言葉」それも「感覚的」なものになっている。それは又「肌触りの世界」とも言われている。

そのような、日常言語の世界にある介護の現実の流れを、専門的に記録していくということはどういうことか。

次のような段階が考えられるのではないか。

1、日常的に起きている（流れている）介護場面の

事柄を、いったん客観的に対象化してみる作業
2、介護過程の中に位置づける作業
3、記録として表現する作業

そして、この三つの作業自体が、やはり、書くという(記録する)作業の経緯として物質化していく。介護場面を記録する、ということを実際場面にそくして思い返してみると、そこでは、「考えて、位置づけて、書く」というプロセスより、「書いて、考えて、位置づける」というプロセスをとっていく。

また、「考えていない」から「書けない」というよりも、むしろ「書いていない」から「考えられない」という場合が多い。

つまり、それは、「専門的に記録する」ということにこだわるあまり、「専門的に書けない」から結局「書かない」のである。そのことが、さらに「考えるための材料」を、狭め、結果考えなくなってしまっている。

問題は、専門的に書くということを直線的にとらえるのではなく、書くという訓練によって専門的な見方、考え方を身に着けるということである。

(2)記録の三段階

第一段階――介護場面の客観的対象化

これは、介護を科学として対象化し、その適正さを評価する上で絶対に必要なことである。「自分(達)の実践した介護内容を客観的に対象化できること」が、介護の評価とか、記録とか、専門化とかを語る際の第一歩なのである。では、どうすれば可能なのだろうか。

そのためには、情報を多く集めること。様々な角度からとらえること。そして正直であること。

ここでは、介護場面に絡みついた感情の領域が大きな問題になってくる。「客観的に対象化する」ということは、介護者自身の感情を括弧《かっこ》に入れることであり、禁欲的な行為である。しかし、だからこそ、徹底的に感情を対象化しなければいけないのだ。

介護場面を客観的に対象化するということは、そこに込められた(自らが込めた)感情から自らを自由にするということである。そして、そのためには、感情を最もよく表現(対象化)できなければならない。

介護という対人援助過程は必然的に感情が介入すると言える。介護の世界では、よく、三つのHの重要性（Ｈｅａｒｔ、Ｈｅａｄ、Ｈａｎｄ）などと言われるが、その中でも強調されるのが、Ｈｅａｒｔ、つまり暖かい心であると私は理解している。精神的には強さも弱さも持った生身の人間の行為であることが、介護行為の前提と言える。介護場面は人と人とが密着して向かい合う。それを客観視する、科学する、対象化する。そうであれば、まず対象化されなければならないのが、その心というものであろう。

一の段階において、徹底的に、自らの感情を対象化し、情報として書き留める作業が重要であると考える。

それが、どんなに恥ずかしく、子供じみていて、専門家の「あるべき姿」とは程遠くても、ここでは、正直であることがかけがえのない資質であるように思われる。

第二段階――介護過程への位置づけ

これは、その介護場面を専門家の視点で冷静にとらえ、意味を探ることである。介護過程における記録の意味は、情報の収集、仮説、援助方法の計画、評価と多岐にわたっており、介護過程の意識性とは、とらえ方によれば、記録性とも言える。

その時の記録を、介護過程全体の中に位置づけ、何を書こうとしているのか、何のために書くのかということをはっきりさせることが大切である。

第三段階――記録にする

一、二の作業をきちんとやりきった後で、実際に記録するということになるが、ここでは、記録それ自体の技術やセンスが要求されるだろう。用語の使い方、タイトルなどの細かいことから、その記録が何のための、又何処（誰）に向けてのものなのかがはっきりされなければならない。

その上で、注意事項として、秘密保持の原則に留意する必要がある。介護の記録とはその性質上、利用者のプライベートな記述を多く含んでいる。表現方法、発表方法、保管にいたるまで専門的であることが求められる。この段階ではじめて形式、様式が問題になることになるが、私たち、介護福祉士は、今までの決められた様式を再検討し、よりよい記録の形を討議しながら作り上げていくことも必要になっていくだろう。

*

2 介護で元気

ここでは、介護がお互いを変えていく原動力であり、積極的な行為であることを紹介。「不器用で不健康」であった私の体験記――。

私は、十年前に一人のホームヘルパーになった。きっかけは、友人の母親の介護を頼まれたことだった。友人の母親は、転んで腰椎を損傷、車椅子の生活だった。泊り込みも含め、ほとんど二十四時間・三百六十五日付添い型の介護生活の始まりだった。

その介護生活は、同時に私にとって初めて自分自身の仕事を持つということでもあった。生活は利用者のペースで繰り広げられていった。七十六歳の障害を負った女性との共同生活、その女性の不自由なことを支えていくことを仕事にするという生活は、私がそれまで一度も対象化したことのない事柄を浮かび上がらせてくれた。

(1) 眠る

幼い頃から病弱だった私は、寝付きが悪く母を困らせた。夜泣きや寝ぼけなど、物心つくような年齢になっても私を悩ましていたのがうっすらと記憶にある。夜中に布団を抜け出しては両親のいる部屋に「眠れない」と訴えることも頻繁だった。

動かない、食べない、眠らない、子どもの私はきっと体のどこかに病気を隠しもっていたのだろう。目が覚めれば足が痛い、腕が痛い、「痛い、痛い」と私は泣いていた。時には金縛りのように、体が痛かったり、足に鈍痛があったり、私は夜目覚めることをひたすら恐怖した。そして痛さに涙し、その涙の疲れでやっと眠ることができたのだった。

幼い私の肉体には、やはり一人の病魔が住み着いていたようだ。病気の正体はリウマチだった。「痛い、痛い」を訴える幼い私を、母は弘前の病院まで診せに連れて行ったりしたが、決定的な改善策はなかった。体に潜んで、時々に疼き、私を泣かせたリウマチが発病として見てとれるようになったのは、私が十一歳の冬のことだった。

忘れもしない。小学校六年の冬休み。雪のそり遊びからかえってきて、お風呂に入ったあと、足と腕が燃えるように熱くなり、だんだん腫れてきた。そして翌日、手足に無数の紅い斑点が浮きでるように出来ていたのだった。お正月が二日後に待っていた十二月三十日の出来事だった。

年末年始という困難から私が病院に行ったのは年が明けた一月五日。即入院。病名は「リウマチ性紫斑病」。入院時までに病状は進み、私は腸や腎臓からも出血していた。まさしく、その期間私は死との間を行き来していたようだ。枕元の父親に「お花畑が見える」などと言っていたのも記憶にある。

少女の体の中に爆発したリウマチ。しかし、その発病は、同時に私にとって、生まれた時からの呪縛でもあったリウマチという病魔からの解放の始まりでもあったようだ。

まさに、ナイチンゲールが言うところの、「病気という現象はその回復過程である」という定義が当てはまる、自分自身の体験だった。

子どもの時代からの不眠は、その後、体力が回復するにつれて、私の生活から消えていった。しかし、健康的に熟睡するだいご味を私は体験することがなかった。いつも神経がぴりぴりし、微かな物音にも目を覚まし、何か気になることがあると、いつまでも眠れない闇の時が続いた。

眠りについて、そんなマイナスの体験しかなかった私だったから、介護を泊り込みの条件で引き受けた時、一番心配だったのが、「はたして、他人の家できちんと眠れるだろうか」ということだった。この心配は深刻だったに違いない。

ところが、Eさんの介護で泊り込む夜は、実によく眠れるのだった。それにはいくつかの要因があったようだ。まず、介護生活（＝労働）の規則正しさである。Eさんの最後の排泄介護は深夜一時。それから翌朝一番の排泄介護が七時半。この間の六時間は私にとって「ただ眠る」ことに集中できる時間であり、むしろ集中して眠ることが仕事として位置づけられたのだった。

そのように、眠るということから他の要素を抜き去ったことが私に密度の高い眠りを運んでくれたようだ。働くために、わたしはよく眠った。

こんなこともあった。その当時私は中野に住んでいたのだが、中野のアパートではなかなか眠れない。泊まりの仕事ではないのに、時には深夜タクシーでEさんの家まで行って、いつものベッドにもぐり込んで、一気に眠るのだ。そのベッドでは私は何も考えない。なにも思い浮かばないという安心は何よりもの環境だった。このようにして介護の仕事は私に眠る喜びを与えてくれた。

のちに、私は「精神障害者」の人たちと、その生活の深部にわたって係わるようになる。そして眠りの魔力をつくづくと身にしみることになった。彼らは一様に「自分は眠れない」と言い、「眠るための薬を飲んでいる」と言う。

介護の仕事を始めて十年が過ぎ、眠るという課題は、あまりにも多くの人たちが抱えている根源的な課題だと考えるようになった。

ナイチンゲール『看護覚え書』

ナイチンゲール（一八二〇年―一九一〇年）『看護覚え書』は彼女が四十歳の時（一八六〇年）に書かれた。

私は、一九九八年十二月、札幌で開かれた「第18回日本看護科学学会学術集会」（主催、会長中島紀恵子）に参加する機会を与えられた時、会場で手に入れた学会誌の論文に引用された本書について強い感銘を覚えた。フレーズは序章の次の文章だった。

「その病気につきもので避けられないと一般に考えられている症状や苦痛などが、実はその病気の症状などでは決してなくて、まったく別のことからくる症状――すなわち、新鮮な空気とか陽光、暖かさ、静かさ、清潔さ、食事の規則正しさと食事の世話などのうちのどれか、または全部が欠けていることから生じる症状であることが非常に多いということなのである」

その後、看護の世界において、このテーゼがあまりにも有名で、何人もの人たちが引用している場面に出会うことになった。

私は、ナイチンゲールの書いた記録の中に介護の基本である「利用者を取り巻く環境＝生活を対象化し、生活を生産していく（＝整える、取り戻す）」理念と方法のヒントがあるのではないかという強い期待をもって学習した。そして期待以上の感動と触発を受けたのである。

＊

(2)食べる

朝食の充実

食べる、という生命の営みは私にとって、眠ること以上に特別なことだった。子どものころはとにかく偏食で母親を困らせた。成長過程の私にとって、偏食という症状はいったい何だったのか。偏食というと、わがままとして取り扱われることが多いが、実際はアレルギーによる拒絶反応だったり、もっと身体の深い部分からの信号だったり、食事の時間や調理法だったり、様々な要因があるのではないだろうか。とはいっても私の偏食の理由づけにはならないのだが。

私にはとにかく、食べられるもののほうが少ない、という食文化の現実だった。今もワサビや大根おろし、生姜などのからいものは受け付けない。

ところで、仕事としての介護生活によって、私の食生活にも変化がみられた。はっきり言って、改善である。下半身麻痺という「障害」を抱えて生きるEさんとの介護生活は共に生きる、ということであり、その中でも朝食は、ヘルパーとしての私の仕事だった。朝七時に起床、Eさんの寝室のカーテンを開けて、声をかけることから私の一日の仕事が始まる。排泄の介護を済ませ、次は清拭と軽いマッサージをして着替えのための準備と介助。着替えは時間をかけてもEさんが出来る限り自分で行うようにしていたので、その間に、私は朝食の準備に入ることができた。

Eさんの朝食は、パン食だった。Eさんは食事の内容に大変こだわっており、朝食にも色々な工夫がみられた。

・胡桃パン
・青汁ジュース（手作り）

・ローヤルゼリー
・野菜サラダ
・ヨーグルト
・コーヒー牛乳

これがスタンダードなEさんの朝食であるが、この中でも特徴的なのは、青汁ジュースである。これは、娘さんが友人から聞いてきたメニューで、娘さんが家族のために始めたものだが、十年経った今もEさんは続けている。

そして、今ではもうEさんの介護で泊まることはなく、朝食作りの体制に入らなくなったが、私の朝食メニューにも続いている食習慣になってしまった。青汁ジュースの材料は、季節の青物野菜・リンゴ・人参。ジューサーで漉《こ》して青汁をつくるのだ。私の時は、これに自然酢を加える。酸味が加わって飲みやすい上に、酢を身体にとることは効果的である。

実を言うと、私はそれまで酢の物を食べることが出来なかった。先のごとく偏食と言われてしまえばそれまでであるが。しかし、この青汁ジュースを習慣化することにより、私の身体は日常的に酢酸を取り込むことが出来た。酢酸は、疲労を取り除き、身体を柔らかくする。血液をきれいにもしてくれる。

Eさんが青汁ジュースを取り入れたのには、便秘が日常化している、という深刻な事情があった。脊椎損傷は下半身の機能を極端に麻痺させ、腸の蠕動《ぜんどう》作用にも影響をもたらし、便秘は宿命と言ってもよい。立ったり歩いたり、自力で足腰を動かせないため、他動によるマッサージやリハビリ運動が重要になる。さらには食生活の工夫も決定的になってくる。Eさんと私は便秘を防ぐための食事の工夫を学習しながら実践した。サツマイモやゴボウなど繊維質の多いものを意識的に食事に取り入れた。玄米にも挑戦した。なによりも水分を十分にとることを心掛けた。それも、朝食を重点とした午前中の水分摂取量が効果的ということで、色々な工夫で水分をとるようにした。青汁ジュースもそのような工夫の賜物だったのである。

泊り込み介護の日の夕食は娘さんが作った。母親の身体のことや私たち介護人のこともよく考えて作られた美味しい食事をEさん、娘さん、娘さんの息子さん、そして介護人の私の四人で囲む食卓は今思い返しても、本当に楽しいひとときだった。

昼食や夕食をEさんと一緒に作る作業も楽しい介護だった。出汁のとりかたや煮物の作り方をその作業の中で私は学んだ。「障害者」高齢者の身体に良い食べ物は、大方の人たちにも良い食べ物と言えるだろう。それだけではない。私は日々、介護を働く労働者として、生きて働くために、きちんと食べることが求められた。健康でいることが使命だったのである。そしてそのために、私は身体に良いものをすすんで食べるようになった。

介護生活による、食生活の抜本的な改善だった。

食生活の改善は、介護人である私の方ばかりではなかっただろう。食事についての一連の作業を介護人と共同で行うこと、とりわけ、語らいながら一緒に食事をするということは、Eさんにとっても効果的だったに違いない。

機関に所属するホームヘルパーから、よく「訪問先ではお茶も飲んではいけない」などということを聞くが、これは正しいのだろうか。利用者の家族などが気を使って私たちにお茶やお菓子をサービスする。それが家族の負担になっているような場合はもちろん、断る方がよいだろう。「利用者宅でお茶を飲む」という事を想定する時、お茶を入れるのは、もちろんホームヘルパーの私たちだ。もちろん後片付けも私たち。つまり介護内容として一緒にお茶を飲むということが位置づけられるのだ。人は独りではなかなか十分な水分をとることは難しいのではないだろうか。しかし、誰かと和やかに話す中で、お茶などを飲めば、相当の量をとることが出来るだろう。高齢者になって喉の渇きなどにも無関心になっている利用者に声をかけながら、水分を勧めることはホームヘルパーの重要な仕事だと、私は考える。

Eさんと共同の介護生活は、朝食を一緒に食べることで、午前中に十分な栄養と水分をとることが可能になった。食事の時間を一時間も語らいながら費やせるのは本当に恵まれた介護だったと思う。

十二指腸潰瘍

三十五歳で住み込み型介護の仕事に突入した私は、その後、三十八歳で介護福祉の専門学校に通うことにした。二年間の修学過程は、仕事を続けながらの通学ということもあり、今振り返れば、相当無理もしながらの激しい過程だったのだろう。夜の泊まりも続けていたので早朝の介護を済ませ、弁当を作り、一時限(九時)に間に合わせるという曜日もあった。

そのころから、時折腰痛を感じ、深夜起きて介護に入る時などは辛いこともあったが、私は、介護者としての筋力を鍛えていないためだろうと、自分を責めたてていた。しかし、介護—腰痛という図式はあまりにも単純なもので、腰痛を引き起こす原因にはほかにも様々ある、という事実を知ったのはもっと後になってからだった。

のちに、十二指腸潰瘍《かいよう》という立派な病名を付けられたのは私が四十一歳になっていた時だった。この時は、始めたばかりの西荻館の運営の問題、初めての著書の執筆というストレスに重なるように、夫の入院という事件などもあり、私は一カ月にわたり、食欲がなくついに吐き気までして、とうとう病院にかかった。

「典型的な潰瘍ですよ」

それにしても薬とは恐ろしい。主治医から処方してもらった二種類の薬を指示通り飲んだところ、二日もすれば、苦しかった全ての症状が消えただけでなく、食欲が盛んになり、さらに、腰痛がピタッと直ったのだ。私の腰痛は、この潰瘍のためだったことになる。医者の説明では私の十二指腸潰瘍は、もう何年も前から何度も何度も繰り返し、チクチクと腸壁をえぐっては腸をねじらせていたようだ。

しかし、この検査で、私は自分の病気を発見することが出来た。腰痛や吐き気、食欲不振の原因が分かったということは、私の食事対策にまた一つのスタンスを運んだ。

イブニングケアの美味しい食事で

そして、今、私は開始して五年になる福祉の家「西荻館」の活動の柱として、介護支援型食事サービスを行っている。私たちにとって、食を巡るケアは理念そのものである。私たちは、介護福祉を縦糸に、食のケアを横糸に日々の活動を織りなしているのだ。イブニングケアは通ってくる「精神障害者」の生活を一変した。何よりも美味しい手作り料理を安い料金で食べれるという喜びと必要は大きなことだろう。しかし、彼ら以上にイブニングケアで食生活を一変させたのは、この私自身だと思っている。

イブニングケアという事業の対象は精神障害者が中心であるが、同時に介護している家族、仲間も重要な参加者である。介護している九十七歳の母親の流動食を作り食事介助するのでもうくたくたになってしまう佐藤さんに食事を提供することがきっかけになったが、妻の介護をしている高齢男性や兄弟のターミナルケアに通っている女性など、多くの介護家族にとっての憩いの食卓であり、情報交換や励ましの場になっていた。

そしてまた、私たち介護労働者にとっても大切な食事の場である。毎週木曜日のイブニングケアにやってくる木内さんは、ブラジルからの出稼ぎのヘルパーさんで、通常は住み込みのヘルパーとして働いているが、週に一度の休みの木曜日にここに来て美味しい食事を楽しむ。私もその一人だった。

介護支援型食事サービス

福祉の家「西荻館」は「介護支援型食事サービス」を掲げ、介護福祉の一環として食事サービスを位置づけている。実際の利用者が、「障害」を抱えたり、超高齢だったりと、細やかな介護を必要とする人が多い中で、食事の配達も、体調をチェックしたり、話を聞いたり、相談を受け付けたり、場合によっては、食事そのものの介助も必要になり、「食事を届けることを通しての訪問活動」と呼べるものである。

介護保険においては「家事援助」の形骸化から、介護内容から食事に係わる援助を切り離し、食事は「栄養を届ければよい」と一面化する方向にある。また、巡回型ホームヘルプが基本になっていく中で、食事を巡るケアは「非効率的」と捨象されていく傾向にある。

西荻館が行っている「精神障害者」へのイブニングケアは食事のケアと介護との密接で具体的な関係を実践の中から深めてきたと言える。

＊

(3) 排泄する

介護を仕事にするということは、心身の営みや生活の全般を対象化することであり、直接に自分自身を対象化するのではないが、自分ではない他人の心、身体、生活、人生を対象化することを通して、その目的意識が自分自身に帰ってくる。介護という仕事が普遍的であり、学習過程でもあることは、そんなプロセスから来ていると思う。

介護という行為は、介護者にとってまた、自分自身の感性を映し出す鏡のようである。介護という行為を通して、まるで鏡に写された自分を見るような体験をすることがあるのだ。これはどういうことか。それは、介護する私たちの体調や精神状態がそのまま介護の場に反映し、この肌を通して利用者に伝わってしまう。そして、再び自分自身に跳ね返ってくる、そんなことだと思う。私たちが疲れていたり、イライラしていたりすると、疲れて、イライラした介護になってしまう。ゆったりとした気持ちで優しい介護が出来た時は、自分自身の体調や精神状態が良い時なのである。

十年間の介護生活の中で、最も切実な介護は排泄の介護だと思うようになった。人は数日食事をしなくとも生きられる。しかし数日排泄がなければ、それは死に至る。人は通常一日三回の食事をする。しかし、それ以上にオシッコやウンチをする。不思議でならないのは、それほどに大切な排泄という行為があまりにも軽視されてはいないか、ということだ。まず、トイレの風格である。一軒の家の中に占めるトイレの位置、広さはあまりにも軽視されており、まだまだジメジメとしていて暗いイメージがある。生命に直接係わってくる排泄の環境がなぜこんなに疎《おろそ》かにされているのだろう。こんな疑問を持ったのも、私が介護ということを仕事にするようになってからである。

十年前、初めての介護は、定時の排泄介護を中心にスケジュール化されていた。脊椎損傷で下半身麻痺であった利用者は尿意を失っていたため、常時おむつをしていた。トイレは時間を決めての計画排泄だった。七時、十時半、十三時、十六時半、十九時半、二十二時、零時半。こんな風に、一日七回の排泄を援助した。ベッド脇にポータブルトイレをおいて移動して、ポータブルで排泄し、処理するという方法だった。

正確に言えば、当初は、この七回の内の三回を導尿という方法を実行していた。導尿は、利用者の尿道にカテーテルを挿入し、尿をとるという方法で、こんな方法をとったのは、リハビリ病院でその方法をとっていたという理由からだった。今考えれば、明確な医療行為である導尿をホームヘルパーの私が安易にも実行していたということが信じられない。

その後、この導尿は、失禁アドバイザーの西村かおるさんの指示で、利用者本人が自己導尿をマスターし一日に一回実行することに改善された。これは、脊椎損傷のため、排尿が不完全で残尿が残ることがあり、導尿という方法で、残っている尿を取りきる必要があると、西村さんが判断したからである。

そして今はと言えば、全ての導尿は止めてしまっている。残尿はなく、その必要がなくなったと判断したからである。

排便の方は、もっとずっと大変な日課であった。脊損の患者、そして「ねたきり」には便秘は宿命とも言える。順調な排便は至難のことであり、毎回の排便には相当の苦労を伴う。前夜に下剤を服用し、当日の朝にはグリセリンの座薬を挿入。腹部や足のマッサージを実行して、蠕動《ぜんどう》作用を促し、トイレへ。一時間か場合によってはそれ以上の時間をかけて、ようやく排便が実現する。それで排便がない時は、摘便や、浣腸、洗腸等、医療的な処置を工夫して、やっとの排便となることも多い。

介護してみて、排泄という行為が、こんなにも大変なことか、とつくづく考えることになる。そして、排泄という営みに介護という方法で係わることで、私は、自分の身体にとっての排尿、排便、さらに、汗をかくという生命の営みを身近に対象化していくことができた。

私は幼い頃からリウマチを患っている子どもだった。トイレを我慢することはどんな人にもよくないことであるが、この病気にはとりわけよくないらしい。しかし、子どもの私は何事にも夢中になる傾向がありオシッコを我慢することも多かった。小学校、中学校の学習システムも排泄に優しいシステムではなく、むしろ逆である。そして世のなかも、何か我慢することを良しとする風潮がある。トイレに行きたくてもなかなか言い出せない。そんな場面も多い。女性にとっては屈辱的な場面もある。

これは排泄という生活行為があまりにも文化として

遅れているということとも言えるのではないだろうか。この遅れた文化水準が介護を巡る社会の意識にも大きく反映してくる。二十一世紀を迎えようとしている現在に至っても、排泄は未だ生理行為として扱われるだけである。もし、排泄が人間生活にとっての重要な行為としてもう少し意味づけられていたら、介護の仕事ももっと、堂々として明快であろう。

介護の世界における排泄行為への侮蔑は、「障害者」女性にたいする女性機能の削除―抹殺という極限的な反人間性にまで行き着く。「自分で始末出来ないのだから」「妊娠なんかしたらとんでもないこと」……。

女として生まれ、体に豊かな子宮を持ち、毎月の生理を営む。その実体そのものを全否定するという処置は「障害者」女性の人格をも否定することだ。私たちは介護福祉を働くものとして、排泄の大切さを、そして尊厳を主張していきたいと思う。

このような思想を持つようになったのも、私が介護を働くようになったからである。私は、介護する人の排泄行為を大切にし、待たせることなく優先しようとするのと同じように、自分がトイレに行きたいのを決して我慢しないようになった。そして、たくさんのオシッコが出るように、水分を十分とり、大きくて立派な便が出るように食べ物に気を付けるようになった。私たちの介護の仕事の休み時間は、オシッコやウンチの話題に溢れている。

排泄の介護というと、業界では、ケア用具の問題に熱心になる傾向があるようだ。快適なおむつや採尿器の開発は必要なことだと思うが、基本は、利用者が出来るだけトイレで排泄を行うことが出来るように工夫することではないだろうか。

「ベッドの上で寝たままでも排泄できる」
「何時間つけていても、蒸れを感じない、漏れないおむつ」
「膀胱《ぼうこう》に挿入するカテーテル」
「便が匂わないような薬」
「膀胱に尿が溜まれば自動的にセンサーが働き採尿してくれる器械」

それら全ては利用者が新たに購入しなければならない介護用具である。しかし、解決はもっと基本的な所にあるように思う。

排泄に誰かの手を借りなければならない、ということは排泄機能そのものの障害というより、他の困難から来ていることも多い。典型的なのが、自力で移動できないということである。心身共に非常に衰弱し、起き上がることもままならないという重病や重度の場合を除き、なんとか移動できれば、トイレでの排泄が可能だという例は多いはずである。私が介護に入っていたケースでも、長い間、排便をベッド脇のポータブルトイレでしていた利用者に対し、住宅改造で、トイレの入口の段差をなくし、簡単なスロープをつけただけで、トイレでの排便が可能になった。プライバシーを守られての排便は、どんなに心地よかっただろう。

介護はみな、一連の繋がりの中にある。排泄を巡る様々な生活要素を総合的に対象化し、それらに係わってみて初めてその人の排泄行為にも係われるのではないだろうか。

「自分のお尻だと思って拭いてください。他人のお尻だと思ってはだめ」。小山内美智子さんははじめてのヘルパーにそう言って、心地よいケアについて考えてもらう、と書いている（『あなたは私の手になれますか』中央法規刊。前書きより）。

小山内さんは非常に遠慮してお尻と言っているかもしれないが、これは尿や便、あるいは血液のことを言っているのではないか。利用者の排泄物自体に違和感なく接するためには、その人との生活全般にわたる協同が必要になるだろう。

西村かおるさんと日本コンチネンス協会

西村かおるさんは、失禁アドバイザー。日本の先駆けである。西荻館と同じく、杉並に「日本コンチネンス協会」の事務所を構え、日本中を飛び回って、失禁のケアを組織している。その理念は、

「排泄障害が問題にならない社会づくりとは、私たち一人一人が、排泄は生きている証であること、人間としての本質的な営みのひとつであることを自覚し、また、排泄だけに捕らわれるのではなく、排泄を切り口にして、誰もが健やかに安心して暮らせる社会をめざすこと。

排泄ケアは、人間の尊厳を守るケアである」というもので、全国に支部がある。
排泄ケア相談窓口(相談無料)
TEL 03—3301—0725(本部事務局)
FAX 0761—23—7307(北陸支部)
TEL相談受け付け 月曜日〜金曜日 10時〜16時

＊

(4) 毎日の清潔、整理整頓

私は、日常で使う大切なものを見失っては、いつも探し物をしている。特に探すのが鍵であり、西荻館の仲間もいささか呆れているほどである。中でも重要なキーホルダーはもしなくしてしまっては、活動がストップしてしまうことにもなりかねない。

もう一つ、私がよく探すものに、爪きりがある。ホームヘルパーと食事サービスを仕事にしている私にとって、爪きりは必需品である。爪先はもっともバイ菌が入り込むところであり、ここを清潔にすることはプロとしての義務である。

ふと思いついたのが、鍵と爪きりをセットにするというアイデアだった。そして、このアイデアが実に功を奏したと言うか、それ以降、私はこの二つの必需品をなくして探すということが、ほとんどなくなった。

これは、いささか大げさではあるが、私の人生の上でも生活上の大発見とも言える。

健康に心掛けることは、介護者にとって仕事の一部とも言える。ましてやバイ菌や汚れを利用者の家に持ち込むことはあってはならない。清潔に心掛けるということも、介護者にとって仕事の一部である。

私は決して綺麗好きの人間ではない。むしろその逆とも言える。しかし、これでは介護者失格なのである。少女の頃、何かで読んだ本に、「女性が清潔に心掛けるのは義務である」というフレーズがあり、私は反発した。

「どうして、女性の義務なの。男はいいの」

結婚してから、このことを夫に話したら、彼は言うのだった。

「それは、女性の体のある部分はきれいにしていないとバイ菌が入り込んで病気になることがあるから、そしてその危険は男より深刻だから、ということじゃないのかな」

その時、少し納得した気がした。確かに「女性は」というフレーズは気になるが、人間はすっぽんぽんでは外からの汚れやバイ菌が簡単に入ってしまう。清潔を保つということも、きっと人間の文化として身につけてきたのだろう。こんなにも入浴にこだわるのも、清潔と健康、そして安楽という一連に繋がる一つの文化とも言えよう。

介護が私にとって仕事になってから、私はきっとはじめて清潔という文化を考えるようになった。もし、子どもを産んだことがあるとしたら、おそらく子どもを産み育てる過程で考え、身につけていっただろうが。

うがい、手洗い

清潔といっても難しいことを言うのではない。とにかく手洗いと、うがいの習慣である。ホームヘルパーとして利用者の家に入る時の任務であるうがい、手洗いは、最初は本当に義務のようなものであった。しかし、習慣化していくと、生活の一部になり、室外と室内を隔てる時の掟のような儀式になったと言える。

うがい、手洗いは、利用者にとっても介護者にとっても、決して悪いことではない。身についたこの習慣できっと風邪をひきにくくなっていることは確かである。ナイチンゲールも言うように手洗いはきちんと石鹸を使って、腕まで洗うのがよいだろう。

外出から家に戻った時、新聞や書物を読んだ後、自転車やバイク、車の運転の後、パソコン・ワープロ仕事の後、私たちの手、指先はひどく汚れている。洗面器に湯を張って、石鹸で汚れを湯に流し、その汚れをじっくり観察してみれば、きっとびっくりするだろう。

「看護婦は自分の手を洗うこと。しかも一日に何回も洗うこと。同時に洗顔も行えば、なお良い」（『看護覚え書』より）

(5) 看取りまで付き合う大切な人

私がホームヘルパーになってから、自分に家族の病気や事故という事態にも何度か遭遇することになった。そして、その度に、介護の仕事の中で身につけてきたことが役に立った。

——母が自転車事故で足を骨折

手術後付き添っていた父の交代に、故郷の函館に帰省して、入院中の母親の背中を温湿布してあげたら、とても喜ばれた。

――父が心筋梗塞になった時

実際は、仕事が忙しく飛んでいけなかったが、命に係わる父の容態を電話で報告する母に対し、少しは介護福祉士らしいアドバイスをすることが出来たと思う。不安を解消することの力になれたと思っている。

――離れていても出来ること

義母は重度のリウマチで身体障害者一級である。夏、一年に一度帰ることが出来るだけであるが、帰省中に、市（母は北海道富良野市に住んでいる）の在宅介護センターに出向き、担当の保健婦と話をしたり、入浴サービスについて調べることができた。また、東京からでも電話で、当センターと交渉し、週に一度だったホームヘルプを週に二回にしてもらった。

家族への介護フォローはたとえ離れていても、「家族は行政介護サービス申請者になれる」から、電話などでもかなりのことが出来ると、私は確信している。その場合、家族の住む地域行政の介護福祉サービスや施設、その他の社会資源についてよく調べ、「高齢者・障害者福祉のしおり」のような資料を取り寄せておくことが重要である。

夫にも常日頃から介護の話を

働きざかりの夫は、何かと体に無茶をしている。四十代も後半になると、本当に心配であるが、お互いが忙しいと、重大な信号も見落としてしまうことにもなりかねない。

大切なのは、日頃から、お互いの体の調子を気軽に打ち明けられる雰囲気を作っているかどうかということではないだろうか。そんな雰囲気作りに役立つのが、介護の仕事からのヒントやその日の出来事を何気なく話しているという積み重ねだ。

私がオシッコやウンチの話をする。夫は「ウン、ウン」と聞いている。水分や食事内容を話題にする。介護で失敗した事、うまくいった事を話題にする。そんなことを繰り返すうちに、私たち夫婦は、二人の生活を工夫し、心と体を大切に、そしていたわり合う方法を学んでいったように思う。そして、今後どちらかがどちらかを介護していくような事になっても仲良くやっていくための準備を積み重ねているようだ。

夫婦の間でこんなチェックも

「あなたは、あなたの夫が今、便秘しているかどうか知っていますか」

「あなたは、自分自身や夫のバイタル標準基準を知っていますか」

「あなたの夫は、あなたの生理の周期に関心がありますか」

「あなたの暮らすまちの夜間救急医療センターを知っていますか」

＊

最後に、私自身をはじめとして、介護を働く仲間たちと強く心に決意したい。自分の体、自分の心、そして時間と生活を大切にしよう。

排泄介護を働く私たちが、自分のトイレをがまんし、膀胱炎などの病気にかかるなんて、私は嫌だ。

食事をケアする私たちは、きちんと自分たちの食事の時間を確保し、水分や栄養にも注意しよう。

ブラジルから出稼ぎに来てホームヘルパーとして働いている友人の初枝さんが言っていた。

「私が働くのは、まず自分の健康のため。そして幸福のため。その次に患者さんのため」

真実はその通りなのだ。しかし、事実はとても厳しい。

夜間労働や二十四時間巡回型介護、数分単位に切り刻まれ、単価が付けられていくような介護内容。介護という仕事からどんどんゆとりがなくなっていく状況の中で、私たちは、自分たちの体がギリギリに切り刻まれていく前に、本当に人間らしく生き、働くための介護を訴え続けていかなくてはならないだろう。

3　介護家族を支えたい

(1)近所でよく見かけた華さん

華さんのとぼとぼ歩く姿は西荻館からもよく見かけていた。年齢は八十代後半か。何か目的があって歩いているのか、それともいわゆる痴呆による「徘徊」なのか。何度か声を掛けてみたが、反応はなく、時には、車にひかれそうになり、ひやひやしたこともある。

そんな華さんの介護を日常的に引き受けることになったのは、華さんの娘さんが母親の介護に困っているということが近くのリサイクルショップで話になり、西荻館のスタッフに相談を持ち込んだのが始まりだった。

都心のデパートに勤めている娘の桂子さんは女一人の収入で母親の華さんと二人暮らし。いつ見かけても、きちんとしていて、いかにも働く女性という風格で感じが良かった。

私たちは桂子さんから具体的に介護の依頼を受けて、日中独りでいる華さんの食事の用意、おやつ、散歩などの世話をするようになった。華さんは、腸閉塞で数週間入院した後、何だか大分忘れっぽくなり、食事を作ることなども出来なくなってしまったという。「痴呆」の症状が少しずつあらわれてきていた。私たちの介護もすぐには受け入れてもらえず、最初のころは、「帰れ」と言われたり、極端な時にはお茶をかけられたりもした。近くの和菓子屋にどら焼、そして文房具屋に煙草を買いにいくのが日課で、華さんの後をそろりと付いて行ってはうるさがられることもあった。

(2) 働く女性を支える介護

私が華さんの介護を引き受けて二年。九十歳という年齢でもあり、その介護内容は激動ともいえるものだった。昼間在宅で独りで過ごす華さんに対する訪問は、主に昼食と夕食を提供するというものだった。初めは一緒に食事をしたり、散歩をしたりという穏やかなものだったが、華さんの精神状態がどんどん衰弱していった。あんなにも外出を好んだ時が過ぎ、外に出るのを怖がるようになった。するとたちまち足が衰えていく。そのほかにも、煙草やお菓子を隠すようになり、化粧クリームを食べるようになったり、いつも何かを探していることが多くなった。

排泄の方も危なげになっていった。水分や食事もなんどもなんども声をかけ励ましてやっととれるほどになった。そして、夜間眠らないで桂子さんを悩ますことも多くなった。

私は、桂子さんのリフレッシュタイムを保障するために、月に一回泊まりの介護を引き受けることにした。

私が泊まっている間、一～二泊の旅行に出かけてもらうという計画だった。それは、本当に必要な援助だった。夜間華さんと時間を共にすることで、私の方も華さんの全体像を摑むことができたし、何よりも桂子さんの家族介護を最深部で支えることに結びついた。

ホームヘルパーを頼む立場からしても、泊まりの体制まで頼むということは大変なことである。住み込みの人を頼むには基本的に「ずっと住んでもらう」ということになり、その経済的負担は大きい。家族介護を支えるという意味で週に一日とか月に二～三日とかを安心して頼めるような関係を持っているということは、とても心強い。私は、桂子さんから旅行のことを言われた時、本当に嬉しかった。一カ月に一度だけでも日常的な介護から解放されて、温泉や観光を楽しめる。毎日の労働と介護の日々の中で、どれほど貴重な息抜きになるか。それは介護を働いている私にはまさに実感として分かる。

「息抜きで旅行に行きたいから、一晩泊まって」そういう関係は、可能なようで、なかなか難しい。私にとっては、十年前に始めた介護がそもそも泊まり掛けの仕事だったので、なんでもないことだった。

⑶繰り返す入院

身体と精神とが並行して少しずつ衰えていった華さん。「このまま、穏やかに、在宅を続けられたらどんなに良いだろう」。

桂子さんも私もそう考えていた。しかし、既に持病になってしまった腸閉塞がなんどでも私たちを襲うことになった。一九九七年の末には緊急入院。私たちは年末年始、華さんの入院フォローに乗物を乗り継いで通うことになった。入院先は、郊外のK大学病院。

入院すれば、在宅の介護はいったん休止すると思っている人がいるが、とんでもない思い違いと言わなければならない。行政のサービスはそう思っているらしく、利用者が入院すれば、ホームヘルパーの派遣もストップし、様々な手当ても打ち切りになる。しかし、ホームヘルプの経験上、利用者が入院すれば、家族の負担や「義務」はさらにかさむことも多いのだ。

一九九六年からの付添い制度の廃止は、入院時の家族負担をより厳しいものにした。華さんも、初めての入院の時（一九九四年）は病室に一人の付添いさんがいて、患者四人の身の回りの世話などをこの付添いさんが一手に担っていた。入院患者は付添い料を支払うが、その料金は後で還付されたので、東京都の場合では利用者の自己負担はほとんどなかったと言ってよい。

付添い制度の廃止とは「基準看護への移行に伴い、付添いさんをつけなくとも病院が全て必要な介護はしてくれる」というものではなかった。付添い制度の廃止以後進んでいる事態は、おむつ代やお世話料という名目の患者自己負担の激増、洗濯や食事介護などの家族の負担、さらに「やみ」で付添いをつけることを病院側から要請されることも多く、その費用は全額自己負担となり、昼夜付添いを頼めばひと月に百万円もかかるようなケースさえある。病院の看護、介護体制は絶対的に足りないのだ。

(4) 個室という困難

それまでの人生では一度も大病や入院をしたことがなかった華さんは九四年初めて入院してから何度か入退院を繰り返すようになった。

初めての入院は、骨折が原因で、近隣の外科病院に二カ月ほど入院したが、華さんにはまだまだ意欲があり、リハビリに励んで、自分の足で戻ってきた。

二回目の入院は腸閉塞。しかし、この時は一週間で帰れた。

三回目はその腸閉塞の再発で、二週間の入院だった。

私はこの二回目と三回目の間に華さん親子と出会うことになり、三回目の入院からは私と信子さんも病院に通うことになった。信子さんはイブニングケアの食事を作ってくれるスタッフで、西荻館への係わりの中でＮＨＫの通信講座を受講して介護福祉士の資格をとった。

この時は年末で、デパートに勤める桂子さんは一年のうちで最も忙しく、私もほとんど毎日病院に通った。「病院にいるのだから、そんなに行かなくてもいいのでは」と考える人もいるだろう。しかし、家族として病院に通わなければならない状況があることは否定できない。

まず、この時、華さんは個室に入ることになった。個室と言えば、いわゆる差額ベッド代が必要になり、この時の差額ベッド代は一日当たり一万五千円とられた。

もちろん、個室を華さんと桂子さんが希望したのではない。しかし、病院側がその方針を桂子さんに伝えたからには患者としては従わざるを得なかった。その理由は、「華さんは痴呆があり、他の入院患者に迷惑になる」というものだった。個室とは、実に不合理で、大変な所である。「痴呆で他の患者に迷惑がかかる」ような患者を独りにしておけるのだろうか。もちろん、置いておけない。では病院側が常時介護人を華さんの脇に置いておけるのか。そんなことが望めるはずもない。その病院は大学病院で、基準看護の病院であり、付添いさんを付けることは禁じられていた。

通例、こういう場合、家族は病院から言われるのだ。

「患者さんが寂しがります。食事も介助が必要ですので、なるべく毎日来てくださいますか」

こうして、その病院の個室には、ほとんどの部屋に家族が付き添うことになる。家族の代わりに仕事で付き添う介護人がいることもあるが、これはあくまで「家族の代わり」であり、「闇付添い」とも呼ばれている。そして、その経費は全額自己負担、昼間だけ頼んでも一日一万三千円程、昼夜頼めばその倍になる。そして付添い制度が廃止された現在では公的な助成で戻ってくるお金は一円もない。たとえ、個室ではなくとも、病院の介護体制があまりにも不十分なため、例えば食事の介助に入れる職員がいない。本人のペースでゆっくりと食事をしてもらうためにはどうしても家族が行かなくてはならなくなる。そういう人情を半ば〝強制〟するようなシステムとも言えるだろう。

寝巻やバスタオルの洗濯も家族の仕事である。これは四回目に入院した病院でのことだが、華さんが入浴などで着替え、替わりの寝巻が残り少なくなった時などは、桂子さんの職場に電話が入り、「すぐに、着替えを持ってきてください」と要求された。この時は桂子さんから西荻館に連絡が入り、私がバイクでとんでいった。

老人ホームや老健施設と違って、病院での入院にはおやつタイムというのがない。これも、家族の負担である。華さんはプリンが大好きで、私たちは三時のおやつにプリンを持っていった。

桂子さんは毎日通勤する労働者であり、ほかに病院に通える家族はいない。たとえ、病院から「毎日来てくれ」と言われても不可能だ。私たちが桂子さんから依頼されているといっても常時付き添うのは無理である。さらに、経済事情もある。仕事で引き受ける私たちにとっては、毎日でもせいぜい二〜三時間（通院時間を含めて）を費やすのが限度だった。

差額ベッド

医療保険で定められている給付範囲をこえた費用を徴収される差額徴収の代表的なものであり、「特別の療養環境の提供」という目的、名目で設けられ、日本の入院医療の中で、患者の大きな負担になっている。差額ベッド代は、地区的（立地）な事情や病院によって異なり、一日数千円から数万円に及ぶこともある。様々な理由をつけて差額ベッドを勧められる例もある。この費用は、医療保険の適用外であり、全額患者負担である。

＊

(5)華さんはナースステーションに

桂子さんも私たちもいない時、華さんはどうしていたのか。私たちが病室を訪れると、華さんがいない。通りかかった看護婦が教えてくれた華さんの居場所はナースステーション。華さんは車椅子に座ってナースステーションの中にいた。何だか、機嫌が悪いようだ。看護婦が触ろうとすると、ムッとした顔をして、触れるのを拒否する。華さんの顔に近づいて私が話しかけようとしても、自分の部屋に戻ることを嫌がって「いいよ、いやだ」を連発。手を掛けようとすると、バシッと叩かれた。

なんとかなだめるようにして、私は華さんの車椅子を押して、華さんの個室にもどり、華さんの昼食を介助した。食事の後は少し休んで、私は華さんの病院内散歩を付き合った。これは立派な歩行訓練。ただ華さんの歩いていく方に一緒に付いていくのだが、私の希望は、華さんが長い間歩いてくれることだ。入院で弱った足腰を少しでも歩くことで自力で歩けるようにしたい。自分の足で歩くことで、腸閉塞になりがちなお腹が動きだし、便秘の予防にもなる。体力も付き、食事もすすむ。そうすれば、夜もよく眠れるだろう。

今回の入院は、原因が腸閉塞で病棟も内科だったために いわゆるリハビリ的な治療はない。寝たきりに近い状態から家に帰るまでにしていくための努力は自力でやらなくてはならないのだ。

私たちが病院を訪ねる時は、まずナースステーションに立ち寄ることになる。

私は思う。それなら、個室にいなくてもよいのでは。むしろ、個室でない方が人間の眼もあるし、華さんにとって良いだろう。独りきりには出来ない患者をなぜ、個室に。なんだか納得がいかない。一日一万五千円もの個室の差額ベッド代を払い続けるのは、桂子さんにとっては余りにも負担が大きすぎる。

(6)四回目の入院は老人ばかり

腸閉塞で入院した三回目の後、家へ戻ってきた華さんは、精神的にも肉体的にもかなり弱っていた。毎回の食事のほか、トイレに行くにも介助が必要になり、夜はあまり眠ってくれない。その上、以前は自ら外へ出かけようとしていたのが、全く外出しようとしなくなってしまった。一日中室内のソファーに座りこんで、前掛けをいじったりすることが多く、食事や水分は、私たちが運んでいって、声をかけながらやっととるというところまでになっていた。

そんな華さんが四回目の入院になったのは、部屋の中でスリッパにつまづいて転んだことが原因だった。救急車で行った先の病院は、五年前と同じ外科病院だった。その病院は外科と言っても、老人が多く、華さんが入った病室はほとんどが九十歳以上の超高齢者だった。そして、基本的に全面的な介助を必要としている人たちだった。

この時も私たちは、桂子さんの意向を受けて、病院に通い続けた。プリンや水羊羹を持って訪ねる私たちを華さんは、喜んでくれる時と、何だか、分かっていないのでは、と思われることもあった。その訪問は、はっきり言うと、気が重い仕事でもあった。理由は、病室の雰囲気だった。老人で「寝たきり」の人だけの病室。特有の雰囲気、空気。

華さんを訪ねた私たちに対して、「助けて」とか「お願いします」と求めてくる患者もいて、息のつまるような辛さがあった。

(7) 突然の退院勧告――老人保健施設へ

華さんの入院も三カ月を過ぎたころ、病院から退院が勧告された。華さんの骨折は手術後、リハビリが必要だったが、華さんは全くリハビリを受け入れなかったという。華さんは、他人に触れられることを嫌がり、時にはオムツ交換も拒否したようだった。点滴の針も抜いてしまい、とうとう抑制されてしまった。それに抗議して華さんは暴れた。

リハビリを拒絶した華さんに、病院が出来ることはもうなかったのかも知れない。入院も四カ月目に入れば保険点数で病院側に入る収入も激減してしまうという直接的要因もあった。

そんな病院側の事情を知るよしもない桂子さんにとって、退院勧告は予期しなかったもので、突然、「もう、転院する所は決まってますか」と看護婦長に言われた時は、驚きもし、また動揺もした。区サイドでやっている在宅支援センターに相談して、いくつかの病院の案内を取り寄せたが、どこもかなりの経済的負担を要した。介護強化型の病院でも、リハビリ重視の病院でも、それぞれに自己負担があり、月に二十万円は覚悟しなければならないというものだった。

特別養護老人ホームが適当かと考え、その線を調べてみたところ、「四月からの介護保険で、当面新規の受け付けはしていない」ということであり、この道は閉ざされた。

次に考えられるのは、老人保健施設で、この施設は、最近東京都郊外にも次々と設立されていたので、可能性はある、ということだった。そうして、今回のK園が受け入れてくれたのだった。

桂子さんはやっとほっとした思いだった。事前の家族面談で訪問したK園は、施設内もとても綺麗で、通路も広々としており、食堂でくつろぐ老人たちも和やかに見えた。何よりも「病院にずっといるよりは母も幸せだろう」という感触をもったのだった。

病院からK園への転院には、信子さんが運転手兼介護者として華さん、桂子さんに付き添った。あとから聞いた信子さんの感想はこうだった。「確かに綺麗な施設だけど、入っている老人たちに覇気がないっていうか。なぜか華さんが一番元気に見えた」。

この感想が意味する背景を、私たちが知ることになるにはそんなに長い時間を要しなかった。

桂子さんは、仕事が休みの度に華さんのいるK園を訪れたが、訪れる度に、なんだか華さんに元気がなくなっていくのが分かるようだった。華さんの好きなものを持っていってもなんだか眠そうな華さん。病院ではほとんど微かにしかなかった足の踵のじょくそうが治療が必要なほどに顕著になってきたのも気になった。桂子さんは老健施設への転院が正しかったのかどうか段々と不安になるのだった。そして、転院から一カ月も経たないで、華さんの腸閉塞は再発し、腸捻転を起こして、緊急入院してしまうことになる。

老人保健施設

一九八七年の老人保健法改正により出来た施設で急性期の治療が済み、家庭復帰の準備をするためのリハビリテーション、看護、介護を提供する。入所は施設と個人の契約による。「在宅にもどる」ことを目的として設置されたが、実際は、特別養護老人ホームの絶対数の不足、一般病院からの行き場のない転院などの背景から、入所者の重度化、痴呆化が進み、「家に帰れない」長期入所者が増えている。

＊

(8) 不安

華さんの腸捻転は相当しつこい症状のようだった。主治医からの説明の場に、私も同席させてもらったのだが、腸の患部のレントゲンを見せてもらいながら、「この腸のねじれの原因は尋常のものではない可能性があります。年齢も考えると、もう直って自力で消化していく力はなくなっているのかもしれません」という説明は、私たちにある覚悟を迫るものでもあった。

今回の入院先は、老人保健施設と同じ敷地内にある病院だった。華さんは老健施設に入ってまだひと月も経たないで入院ということになったわけである。

「やっと落ちつけた、と思ったのに」

桂子さんに再び不安が過《よぎ》った。さらに、老健施設から「荷物を引き取ってくれませんか」と言われた時は

「もう、母を預かってもらえないのか」という先行きの不安ともなって、なんだか悲しくなるのだった。

先の入院では、ほとんど職員に構ってもらえず、基本的にはベッドから下ろしてももらえなかった。一日三度の食事だけがささやかな楽しみのようだった母。でも美味しく食事が出来るだけ幸せと考えることにした。老健施設に入れて、やっと生活らしい生活が少しでも取り戻せるかと喜んでいた矢先の入院は病気の再発という事態だったことで、桂子さんは、暗い部屋に引き戻された思いだった。当の華さんにとってはどうだったのだろう。

今度の入院先は、桂子さんのアパートから少なくとも小一時間かかり、病院に行くのは半日がかりになる。とても休みの日以外は無理。それでも桂子さんは休みの度に母親の元を訪れた。私も時折、華さんを見舞った。桂子さんから依頼されての仕事としての位置づけでもあった。

生きていくために日々働かなければならない、労働者の桂子さんは一日たりとも仕事を休むわけにはいかない。五十代後半になろうとしている桂子さんにとって、今回の母親の介護の問題は、同時に、今後女独りで生きていく自分自身の老後の問題となって、切実に降りかかってくるようだった。

「私の老後は、保障されるんだろうか」

そう考えると気分は暗くなるのだった。

(9) 緊急の呼出し

西荻館のイブニングケアの最中、桂子さんがやってきた。何だか様子が変なので、外に出て話を聞いた。

「大変なことになってしまった」と涙ぐむ桂子さん。華さんが肺炎を起こし、「今日明日がヤマ」と医者に言われたという。一人では心細いので、誰かに付き添ってもらいたい、ということで、「私が付いて行くから片付けが済むまで待ってて」ということになった。

イブニングケアの参加者を見送り、最後にホームヘルプで残っていた洗濯物を「精神障害者」のアパートに届けてその足で桂子さんのアパートに行った。

「何人か友人に頼んだんだけど、皆今日は都合が悪いと言われて。こんな時、家族がいないことが堪《こた》える」と呟くように言う桂子さんを励ましながら、バスと電車を乗り継いで華さんのいる病院に向かった。

酸素吸入や点滴、メンタルチェックの器具など、たくさんの管が華さんを覆っていた。酸素マスクの下で喘いでいる華さん。目をうっすらと開けていて、眠れないようだ。私たちが声をかけると反応する。不安そうに母親を見つめる桂子さんの顔はまるで子どもの顔だ。小康状態の続く中、何度も来てくれた看護婦さんはとても頼もしく思われた。私たちはほとんど眠らずその夜を過ごした。病院の二階の休憩室の狭い長椅子には、私以外に二人の人が仮眠していた。救急車で運ばれた患者の家族だろうか。

病院の夜の独特な雰囲気を私はもう随分この身に刻んできた。患者の寝息、看護婦の足音、時折響くナースコール。夜間聞こえてくる独り言、叫び声。長い長い夜明け前。

朝の七時になり、覗き込んだ華さんの表情に明るさが戻っていた。目にも力がある。

「華さん。おはよう」と声を掛けると、音声にはならない声で、「オ・ハ・ヨ」と口を開けて答えてくれた。

これで一安心。

私は、徹夜の不整脈を自覚しながら帰宅した。体が興奮してなかなか寝つかれない。まさに夜勤明けの気だるさだった。

このように、緊急時、家族に付き添って病院に同行する。これは、ホームヘルパーの重要な仕事だと、私は考える。このように家族が動転し、場合によっては万が一の事も想定しなければならない場面で、介護者が実際動けるかどうか。非常時にどう対処できるかがプロとアマチュアの分かれ目かもしれない。

しかし、この日の泊り込みは私の肉体にとって大きな負担になってしまったことは否定できない。待合室の長椅子で一、二時間横になっただけで基本的に完全徹夜してしまったことになる。四十五歳の年齢ではこんな働き方を通常にするのは無理だと肝に銘じた。

私よりも年齢が上の桂子さんは、きっと私以上に大変な日々だったと思う。桂子さんは華さんの病状を心配して、落ちつく間もなかった。続けて五日間も休めたということは幸運ともとれるか。その間、毎日母親の元に通い、その帰りに西荻館に立ち寄った。華さんと桂子さん母子は、私たちにとって、家族のようになっていたようだ。

介護休業制度というのがある。桂子さん自身、その申請をすることも考えられたのだが、桂子さんには不安があった。

それは、親の介護のために、と休み続けたあと、職場での自分の位置がどうなっているのか、ということである。不景気でリストラが叫ばれる中、「親の介護」だって、解雇の口実にされかねない。

肺炎を起こした華さんは、驚異の回復を示した。病院に泊り込んだ翌日、看護婦長が病室に来て、華さんの様子を観察し、「もう大丈夫だから、いったん家へ帰りなさい。あなたが倒れてしまったらどうしようもないでしょ」と、桂子さんに告げた。まだまだ心配はあったが、仕事の方もそんなに休むわけにはいかない。昨日とは明らかに違い、意識がはっきりしてきている母親の顔に自分の顔を近づけ、桂子さんは聞いた。

「お母さん、よくなったら、家に帰って美味しいものを食べようね」

華さんはしっかり答えたという。「うん」。

その時、桂子さんはある決断をしていたようだった。

⑽病院の休憩室で聞いた話

今回、華さんがまた腸閉塞を起こしてしまったのはなぜだろうか。持病だからしかたがないという見方も確かにある。しかし、腸捻転で入院してから十六日、華さんは回復しはじめ、点滴による栄養維持からやっとなんとか自分の口で流動食が食べられるという医者の指示がでた、その矢先に肺炎になったことになる。

「肺炎で今日明日がヤマ」と言われ、桂子さんと私が病院に駆けつけ一晩寝ないで行く末を待っていた次の朝、私は休憩室でこんな話を聞いた。

「あんなに、急いで食べさせていいのかって見ていたんだ。華さんはどんどん食べてたよ」

そう言ったのは華さんの向かいのベッドにいる患者の夫であり、いつも付き添いに来て優しく介護している姿がとても印象的だと思っていたおじいさんだった。

「そのうち、噎《む》せてしまったんだ」

そうか、それが肺炎の原因だったのだ。

そこに、一人の中年の女性が入ってきた。家族のようでもあり、介護ヘルパーのようでもある。彼女は、ある特定の患者に付き添っている付添いさんだった。

「華さんは、Ｋ園では私のみている患者さんと同じテーブルでいつも食事をしてるので、よく知ってる」

彼女はある特定の患者に付き添っていて、その人が老健施設のＫ園に入所する時、園長から、「Ｋ園でも付き添って身の回りの世話をしてくれるように」と頼まれたという。そして、その患者がこの度入院して隣の病院に入っている間、昼間付き添っているということだった。

「Ｋ園では食事の時は、そのテーブルの利用者の食事の世話はみんな私がしていた。華さんも九十歳を超えていたので、いつもゆっくりゆっくり食べていた。食欲は凄くあり、下げようとすると、怒ってしまうので、なかなか食事が終わらない。病院ではそんな介護の体制がないので、みんな急いで食べさせる」

私が驚いたのは、この女性の存在そのものである。彼女は職員のような仕事をこなし、それは一人の利用者が彼女を雇っているという形をとっているのだ。しかもそれを勧告しているのが、園長直々ということなのである。

「Ｋ園がそんな状態なら、華さんへの健康チェックなども期待できない」。ため息をつくような事実だった。

⑾看取りに付き添って

その後、華さんは点滴による薬と栄養で少しずつ回復し、十日して、再度流動食を試みようということになった。

「また、あのようなことになったら」

病院側からその方針を聞いて、桂子さんは心配だった。昼食時に誰か付ければよいと、私も頼まれたが、西荻館の移転オープンの準備もあり、時間をとれなかった。

「前のことがあるので、病院側も慎重にすると思う。それから、もし今度、口から流動食を入れて、それが全く受け付けないようなら、もしかしたら、自力で嚥下《えんか》することがもう難しいのかもしれない、と判断しなくてはいけないのでは」

私は華さんの状況を厳しく見据え、桂子さんにそのように話した。そして、それが現実となってしまった。

次の日に西荻館が新しいお店になってオープニングの集いを控えた夜、夜のホームヘルプの仕事の帰りに桂子さんの所に立ち寄ると、桂子さんが気を焦るように出かける準備をしていた。

「母が、また肺炎で大変なの。すぐ行こうと思う」

夕方病院に私が電話で確かめた時には、

「噎せたけれど、大丈夫。明日も流動食を続ける」

と言っていた。それが、夜になり急変したらしい。

その夜、私は桂子さんの家に泊まった。深夜妹さんから電話が入ったり、桂子さんからの経過報告があったり、介護家族が連絡してくる所があることで少しでも気持ちが楽になればと願った。でも、やはりくつろいで眠ることはできなかった。

看取りの時を耐え忍ぶ重苦しさが続いた。


「ここに来るとほっとする」


その日のイブニングケアに顔を出した桂子さん。母親の華さんを見舞った帰りということだった。

「母は、危険な時を脱したということ。やっと食事が喉を通る」と、その日の夕食を食べることが出来た。

調理担当の村上さんに、「村上さんの顔を見ると安心する。ここに来ると、ほっとする」。そう話していた。

「お母さんかしら」

「お姉さんよ」

時間も六時を回っていて、何人かの障害者の利用者がもう食事を済ませ帰ったあとで、なんとなく、介護をしている家族が数人残っていた。最近、妹を看取った人もいた。家族を介護している、してきた体験を話し合い、ここで一緒に食事をしながらただなんとなく時を過ごす。それだけで、何か疲れがふっと抜けていくような気がする、といつか誰かが話していた。

西荻館に集うようになる前は、銭湯で見かけたり、車椅子を押している姿が印象的だったりした、あの人。家族が末期の状態で病院に詰めて眠らなかった日々。痛みや麻痺を訴え、わがままになった家族についての愚痴など。ここに来て一緒に食卓を囲むことで、なんだか癒されるような気がする。

いつの間にか西荻館がそんな空間になってきていた。桂子さんも、この数カ月、いや数年間の介護生活ですっかり痩せてしまい、母親の華さんの面影をしのぶことが出来る。

「今晩はゆっくり休んでね」

次の日、私が見舞った華さんは、肺炎を起こした時とは見違えるように、明らかに回復しているようだった。さらに、華さんの意識状態が非常に明晰で、語りかける私に対して、時折笑い返す笑顔には、おおらかな優しささえ感じられた。

「華さん、私お腹がすいたよ」

私がそう言って、少し甘えて見せると、

「そうかい」と言って穏やかに笑った。

その姿は、この間付き合ったどんな時の華さんよりも優しかった。

私は、熱いタオルで華さんの顔、首、手足などを拭いた。その時も、華さんはうるさがることもなく、「気持ちが良い」と言ってくれた。

私は、安心と充実感を抱いて病院を後にした。そしてそれが、華さんへの最後の介護になったのだった。

桂子さんも私と同じ感想を持った。母親が元気を取り戻し、精神状態も落ちついてきたのを見届けたその日、桂子さんは次の日は休みということもあって、久しぶりに、職場の帰り道、同僚とお酒を飲んだ。この数週間は、そんな余裕を心に持つことなど出来なかった。

久々に落ちついた心でお酒を飲んで、帰宅し、熟睡していた朝、突然電話が鳴った。病院からの電話だった。

未明五時半。タクシー飛ばして一時間、桂子さんが病院に着いた時、病室の華さんは穏やかな顔で、うっすらと目を開けているように見えた。

「お母さん。私よ。桂子よ」

そう、呼びかけた時、看護婦が桂子さんに触れて言った。

「華さんはもう」

「え」。間に合わなかったのだ。母はもういってしまったのだ。桂子さんは泣いた。子どものように泣きじゃくった。母と二人で暮らして十年。厳しいところはあったけれど、いつも心の支えになっていた母だった。

私が桂子さんから電話をもらったのは、朝の七時半だった。桂子さんはとても落ちついた声で、母親の死を私に語った。

「間に合わなかったの」

そう言う桂子さんに、私は、この二日間の非常にしっかりした華さんの様子を思い出し、最期ははっきりと自分自身を持ちながら華さんが旅立ったのだから、私たちは悔いることはない、というようなことを話した。

その日の内に、お通夜があり、私は駆けつけた。八人だけのお通夜だったけれど、桂子さんが母の死に対して精一杯のことをなし遂げたことが伝わってくるあたたかいお通夜だった。

桂子さんにとっても最も気の許せる人間たちと、華さんの思い出話を出し合って、その夜、私たちは西荻窪の街中を歩いて帰ってきた。とっても寒い夜だったけれど、心は熱く火照っているようだった。

ああ、華さんがいってしまった。やっぱり寂しい。

次の日の告別式には、西荻館から、やはり華さんの介護体制に入ってくれた信子さん、今年、お姑さんを看取った知恵子さん、そして「精神障害者」の礼子さんも出席した。

華さんは、礼子さんにとてもよく反応した。人懐っこいところがある礼子さんが「華さん」と声をかけて近寄ると、華さんは、「おお」と顔中で笑って手を差し出した。礼子さんだけではない。西荻館のイブニングケアの仲間にとって、華さんは同じ家族のおばあさんだった。西荻館の入口のガラス越しに華さんの歩いている姿が見えると、誰かが心配して、華さんの後ろを付いていった。無事帰ってくると、みんなでほっとしたものだった。

その華さんの歩く姿も、もう見られない。でも九十一歳。立派な生涯だったのだろう。

ホームヘルパーをしていても、その人の最期の時まで係われることは少ない。大体の場合、入院や施設に入ってしまうと、ホームヘルパーとしての係わりは終わってしまう。しかし、華さんの場合は、何度かの入院の際も病院での世話をさせてもらえた。これは本当に恵まれたことであり、光栄なことでもある。同時に母親を看取る一人の働く女性をその介護の終わりまで支えることが出来たということでもある。娘の桂子さんが私たちを同じ働くものとして尊重してくれたことで初めて実現したのだと思う。

桂子さんとはこれからも地域の中で付き合っていき

たい。

老人保健施設の利用料

一九九四年に華さんが初めて入院してから（華さんは八四歳）の六年間、桂子さんの介護の日々が続いた。その間、転んでの骨折や、何度かの腸閉塞によって入院をよぎなくされた。入院は救急での処置で病院を選ぶことが出来なかった。その上「痴呆症状」を理由に、差額ベッド代などがかさみ、沢山の経費が掛かっていった。

「老人保健施設に入れば母も安定し、お金もあまりかからないだろう」

とようやくホッとしたのも束の間、華さんは腸捻転で入院、そのまま病院で亡くなった。華さんが老人保健施設に入所していたのはちょうど一カ月。この一カ月でどのくらいの経費がかかったか、桂子さんに聞いてみた。桂子さんが月末、施設に支払った経費は次ページの通りである。

施設利用料 請求書

お願い　ご来所での利用料等のお支払いは、月～土曜日の９時～１７時にお持ちくださいますようお願い申し上げます。

平成11年10月分　発行日　平成11年11月 5日　ﾍﾟｰｼﾞ 1/1

様

御利用者	様分　入所
請求期間	平成11年10月01日～平成11年10月30日
備考	

御請求金額	101,084 円
基本計	65,250 円
加算計	34,280 円
消費税	1,554 円

	項目名	単価	数量	金額	税
基	食事代（朝食）	400	29	11,600	
基	食事代（昼食）	750	29	21,750	
基	食事代（夕食）	700	29	20,300	
基	おやつ	100	29	2,900	
基	日用品費	200	29	5,800	外
基	教養娯楽費	100	29	2,900	外
加	特別食加算（朝食）	100	29	2,900	
加	特別食加算（昼食）	100	29	2,900	
加	特別食加算（夕食）	100	29	2,900	
加	おむつ（尿とりﾊﾟｯﾄ）	40	243	9,720	外
加	おむつ（ﾊﾟﾝﾂﾀｲﾌﾟ）	140	40	5,600	外
加	おむつ（フラット）	75	40	3,000	外
加	洗濯代（ﾗﾝﾄﾞﾘｰ）	100	32	3,200	
加	洗濯代（委託）			4,060	外

〒

社会福祉法人
老人保健施設

振込先	社会福祉法人 老人保健施設

Ⅱ　介護保険の裏側で

1　ホームヘルパーの職場が変わる

(1)自分の思うヘルプにはほど遠いヘルプ

湘南に越してから私は地元で働くホームヘルパーの仲間と、月に一度の学習会をしている。テキストはナイチンゲールの『看護覚え書』。この書を読み合わせ、ナイチンゲールをヒントに実際の介護現場に即して考察し、日常の介護内容を検証していこうという趣旨である。開始したのが、昨年（一九九九年）七月ということもあり、介護保険実施を巡る具体的な話や、要介護認定、ケアマネージャー資格に係わることなど、各職場で働く仲間の声を交換する場にもなってきた。

「日々の仕事に追われ、自分の思うヘルプにはほど遠いヘルプになっている」

「ヘルプを工夫したり、振り返る気力がわかない」

「きたるべき介護保険への対応が全くできていない。ヘルパーの側に知識もない」

「介護保険について一番大切なこと。クライアントにきちんとした説明を行っていないこと。保険料の上に利用料がかかることがわかっていない。払えない人への対応もまだはっきりしていない」

「研修に行ったり、本を読んだりして良いと思われる知識に触れれば触れるほど、虚しくなる。今は個人レベルで出来ることなら改善するが、他職種との連携、ヘルパー同士の連携が必要なことは出来ない」

「現状が混乱して悪い雰囲気なのをどう変えるか、方法がわからない」

「創造的なケアができない」

「会議も建設的でない」

「こういう状態で二〇〇〇年に突入するのは非常に不安。仲間にも自覚がない」

これらは、一九九九年三月に、伊豆でホームヘルパー研修合宿をした時の仲間のレポートである。この合宿には、西荻館から私と信子さん。一昨年から「精神障害者共同作業所」の指導員として働いているよださん。それから当時は一般の建設会社勤務で将来介護福祉の現場で働きたいという意向をもって西荻館に係わっている三好さん、そして社協常勤ヘルパーとして働くたか子氏が参加した。このレポートはたか子氏がまとめたもので、職場報告である。全員がレポートを準備した。それぞれのテーマは――

・コミニュニケーションについて「生活の場から看護を考える」(中島紀恵子・医学書院)――三好
・日常生活支援とは――高橋
・精神障害者へのホームヘルプの実践――よだ
・痴呆性老人のケア――信子
・職場報告――たか子

という、内容的にも盛り沢山で、西荻館の介護研修としては、充実した二日間だった。なによりもなんとか設定し、参加者全員がテーマを持ち、自分の言葉で発表したことは貴重な実績と言える。

たか子氏の報告は現実的であり、彼女は多くの不満を抱えているように見えた。それから一年近くもなり、いよいよ二〇〇〇年に突入してしまった。その後、彼女の職場でもケアマネージャーの資格試験、要介護認定の実施をもっての介護保険制度の実質的開始という目まぐるしい動きの中に彼女自身がたたき込まれていくことになった。以下は彼女の報告の要点――。

「利用者一人あたりの介護時間が短縮され、介護内容が小刻み化されていくことに憤りを感じるが、その感覚がいつしか慣れてしまうような危機感を感じる。もっと嫌なのは職場の雰囲気だった。そもそも、機関のヘルパー構造は複雑である。常勤ヘルパーは二十名、非常勤が五名、そして登録ヘルパーが八十名近くいる。この間、常勤の中からケアマネージャーとして何人かが介護認定業務に移った。そうなると、常勤一人あたりの仕事が加重になる。利用者の引き継ぎやフォローも大変になる。会議や連絡も疎《おろそ》かになっていく。新しい制度の開始に向かって本当は職場が統一して動かなければいけない時に、介護という仕事はますます個人的な領域に追いやられてしまう」

「生活の場から看護を考える」

サブタイトルは「看護概念の転換への提起」。
(中島紀恵子著・医学書院)

北海道まで私を呼んでくれた、中島紀恵子先生の著書を紀伊国屋書店の看護コーナーで見つけた時の喜び、さらに「生活の場から」というテーマにひかれるまま読み進むうちに、「これは、凄い本だ」と吸い込まれていった。日常的な看護実践を検証し、発表しあう中から自分たちの職業としての看護を考察することで、また新たな発見をしていく。看護体験を重ねてきたこれほどの人たちが、こんなにも正直に、利用者と、自分自身と、そして看護と向き合っている姿勢に、とても感動を覚えた。とりわけ、最終章に試みた「寛ぐ」は、この間の私自身の問題意識にまさにはっきりとした方向を示してくれたと言える。

＊

(2)このまま介護の仕事を続けられるか

Gさんはこの間介護の仕事から外された。ケアマネージャーの試験に合格したためだ。この機関は未だケアマネージャーを規定数確保していなかったため、今回の合格者はそちらに回されたのだ。Gさんは「実際にこの手で介護の仕事がしたくて」この職場に来た。介護が必要かどうかの調査をしたり、ましてや認定業務ということで、必要を振り分ける仕事につくなんて耐えられないほどである。そんなことを考えていると「上」の人からこんなふうに言われたと言う。

「うちは介護保険になっても、あなたたちをやめさせたりはしない。でもホームヘルプ事業を続けられるかどうかは分からない。あなたたちにも、ほかの仕事についてもらうようになることも考えられる。どうしても現場でヘルパーをやりたければここをやめて、どこかでやればいい」

これはほとんど恫喝《どうかつ》だ。ヘルパーでも生活のかかっていない人ならどこに行ってもやりたい時間だけ介護の仕事をするようなあり方が考えられるだろう。しかし、Gさんにとり常勤ヘルパー以外生活を保証していく働き方は皆無と言ってもよいだろう。「新たにケアマネージャーが揃うまでの暫定的な配置」ということで、Gさんは今、介護認定に係わる業務に携わっている。以前から予想していた以上に、矛盾は大きい。一人一人調査に係わっていると、いつも「なんとか少しでも介護を多く受けられるようにしてあげたい」と思ってしまう。調査の結果、自分が想定した要介護度になるとホッとする。辛いのは痴呆症の人、精神障害の人である。このような精神面での困難や必要度はなかなか表出しない。認定もむずかしい。厚生省が作った85項目のチェックリストはほとんどが身体機能の困難さを計る目安である。とにかく、毎日が残業の日々。そして必要と現実の間のジレンマの日々である。

(3)ホームレスが他人事じゃない「もう、来なくていいです」

友人のホームヘルパーが仕事を失った。彼女がいつものように介護相手の家を訪問すると、テーブルの上にメモが置いてあるのを見つけた。前回の訪問時もそのメモがあり、「何かしら」と気にはなっていた。

そのメモには次のように書かれてあった。

――三月からは全面的に介護保険で――

「何のことだろう。きっと訪問看護婦か、入浴サービスが四月からの介護保険開始で、移行するんだろうか」

その日の訪問で、友人は利用者に聞いてみた。

「△△さん。このメモは何ですか。訪問看護のこと？巡回のこと？」

そうすると、その利用者の答えは、友人が予想もしないことだったのである。

「これは、あなたへの要望なの」

友人は、週に二回、この利用者への介護にはいっていた。もう七年になる。友人は、家政婦紹介所に所属しているホームヘルパーで、最初は、会からの派遣で利用者宅を訪問していたが、この間は、個人契約という形だった。

「え、そうすると、もう私は介護のためにはお伺いしなくてよいということですか」

利用者の方も言いにくそうであった。友人はこの日、それ以上この話題に触れなかった。それ以上話題にするということが、とても辛かった。信じられなかったのである。

四月からの介護保険体制にむけ、その利用者は、あるＮＰＯ団体に所属するケアマネージャーにケアプランの作成を依頼した。

利用者の話はこうである。

「これからは、全部介護保険でやってもらえる。私は、前から所属している会に全部お願いしたいと思っている。その会は介護保険の事業者になったから」

友人は、聞いた。

「△△さん。ケアプランは出来たんですか」

「いや、知らない。私は何も知らない」

ケアプランを作成するケアマネージャーが、自分の所属する事業所のサービスを選別的にメニュー化するという懸念は、介護保険の計画の当初からぬぐい去れないものだったが、「まさか、こんな身近で、具体的に起ころうとは」友人も考えてもみなかった。

非営利の家事援助サービスの連絡会で

福祉の家「西荻館」も財政的に助成してもらっている東京都・地域福祉財団の被助成団体と東京都福祉局との懇談会があり、私も参加した。都内の様々な団体の報告などの中にも、介護保険の事業所との利用者を巡る問題が出されていた。

「会の利用者のところに、サービス企業がどんどん営業に入っている」

「大きな事業所には太刀打ちできない」

「介護保険では家事援助をやらないので、家事援助の部分をやることになるだろう」

参加していた事業所の中には、介護保険が適用されるように事業所の申請を出した団体もいくつかあったが、「介護保険には期待できない。まず、理念が違いすぎる。一時間七百円とかでやっていたホームヘルプを、介護保険該当じゃないからと、高額をもらったり、家事援助と身体介護をきっぱり切りはなして、短時間の訪問でヘルパーに働いてもらったり、そういうことには抵抗がある。介護保険をどうにかしないと、私たちに未来はない」。

ＮＰＯは「地域で共に生きる」「助け合い」を理念に活動を展開してきた。行政の福祉施策の空洞を手作りの福祉で埋めながら、行政の助成制度を運動の中で引き出し、ネットワークを形成してきた。

とりわけ、東京都においては、食事サービスや家事援助サービス、「障害者」の自立支援活動の領域では担い手としての大きな位置を占めてきていると言える。その活動は、決して「無料の奉仕」的なものではなく、拠点を維持し、必要な専従体制を置いて、仕事としての福祉を責任をもって提供してきていると評価している。福祉の家「西荻館」もそうだ。

今回の介護保険は、このＮＰＯ団体の中にも、分断と競争を持ち込んできた。来年度は、都福祉財団の助成は、今年度よりさらに八パーセントから九パーセントカットになるという通告を、この日に参加者は聞かされることになったが、このようにして、公的助成金がどんどん削られていく中で、活動自体が成り立たなくなるものもでてくるだろう。そして、住民参加型福祉サービスの生き残りをかけた状況が、私の友人への「介護訪問打ち切り」通告へと繋がってくるのだ。なんだか、やるせない思いである。

「資格をとるように」言われて

ゆうこさんの場合はもっと深刻である。ゆうこさんは病院の付添いを五年働いたあと、付添い制度の廃止とともに、在宅での住み込みヘルパーを続けてきた。幸いなことに、仕事はずっと続いていて、一定の収入が確保されていた。ゆうこさんは、出稼ぎのヘルパーである。最近所属する家政婦紹介所の会長から次のように言われた。

「四月から介護保険になると、介護は、二級以上の資格のあるヘルパーの仕事になるので、あなたは難しいかも」

ゆうこさんは、六十五歳。これから研修を受けたり、勉強して、ホームヘルパー二級の資格をとるという試練に、「自分はやっていけない」と、とても落ち込んでしまった。

老人介護の現場は、病院の付添いさんの時代から、長い間、家政婦紹介所に所属するヘルパーさんたちによって支えられてきた、といっていい。そのヘルパーさんたちは、みなだれも、生活をかけて介護を生業として働く女性たちである。一九九六年の付添い制度の廃止の際、全国で六十万人とも言われる付添いさんが職場である病院勤務をやめなければならなくなった。「再雇用」といっても給料はそれまでの三分の一にも減り、さらに労働は強化された。そして今、介護保険の開始の前に、介護の職場の奪い合いとも言える事態が起こっている。介護が儲けの対象になり、介護を担うヘルパーを「いかに効率良く、安く働かせるか」が事業所の合言葉になっている。ゆうこさんのような高齢の無資格者は、職場からも締め出されてしまうことになるのだ。

「ホームレスが他人事じゃあない」

というのは、ホームヘルパー学習会での話である。

「だって、今の職場だって介護保険で、ホームヘルパーを続けるかどうするのか、全く何も決まっていない。常勤のヘルパーは要らない、という話もでている。パートになったら、暮らしてなんていけない」

「それに、介護を必要としている利用者だって、もし、介護料が払えなかったら、老人ホームにいる人たちだって、利用料が払えなかったら、病院もどんどんお金がかかるようになるし」

イギリスやアメリカでは、社会保障の大改革（＝大削減）で、家賃も払えず、仕事もなく、ホームレスが何百万人にも膨れ上がったという。居住福祉は皆無と言っていい日本の住宅状況、この間の不況、失業問題に追い打ちをかけるのが、介護保険や年金制度の改悪、医療費自己負担の増額等にみられる社会保障制度の大改変である。

「ホームレスは他人事じゃあない」

と呟いたヘルパー仲間の言葉に、私たちは返す言葉もなかった。

(4) なぜ、公務員ヘルパーをやめたのか

都内で公務員ヘルパーとして働いていた友人が西荻館を訪ねてきた。「働いていた」という表現は、最近その公務員ヘルパーをやめたからだった。

「こんな時期に、職場としても充実して、収入も安定している公務員をやめるなんて」

多くの人は不思議に思うだろう。話を聞いてみるといきさつは複雑である。

彼女のホームヘルパー歴は十五年にもなる。民間のホームヘルパーからK区の登録ヘルパーを経て、七年間を常勤ヘルパーとして多くの利用者宅を回ってきた。シングルマザーとして生活をかけていた彼女にとっては常勤で働くことは祈願でもあった。しかし、職場の人間関係の大変さに加え、介護福祉の大転換期の様々な問題が彼女の健康をジワジワと襲ってきたのである。

介護保険への移行に伴う配置転換、人事の激変、利用者訪問の方法の合理化、常勤ヘルパーの現業からコーディネーターへの移行などなど、介護という仕事を巡っての状況は、対応できないくらいに目まぐるし

く変化していった。

気がつくと、彼女は不眠や食欲不振になり、何種類もの薬に頼るようになっていた。鬱《うつ》症状が出てきたのもそのころだった。鬱病を抱えてホームヘルパーをこなし、さらに、コーディネーターとしての任務をやっていくことはとても大変なことだった。眠れなかった翌日、冴えない顔で出勤し「上司」に「いやみ」を言われるのも辛かった。そして、休職し、病気を治してから出直そうと思った。

しかし、彼女にとって復帰後の職場はもっと残酷だったという。殺伐としているのだ。鬱という症状を抱えて働くという困難を職場は理解するどころか、「仕事が出来ない」という評価が下される。時期は介護保険施行直前、人事は全て介護保険シフトで、職場は「戦場」さながらだった。

「人間に触れ合う介護という仕事がしたくてホームヘルパーになったのに、それを扱う職場には人間性のかけらもない。職場の中で病気になった仲間はどうでもいいのか」

このままでは本当に自分が壊れてしまう、という危機感を持ち、彼女は辞表を提出したという。

「何が辛いといって、職場の雰囲気、人間関係が耐えられなかった。あれは弱いものいじめの世界」

彼女はこれからもホームヘルパーとして働き生きていきたいという。新しい仕事を探しながら、同時に、ホームヘルパー同士が支えあい、学びあい、癒しあえるような場を作っていこうと仲間に呼びかけている。

2　介護が受けられない

(1)要介護認定なんてできない

富良野に住む義母から電話があった。八十四歳の母は重度のリウマチで「身体障害者一級」の手帳を持つ障害者である。電話は、介護保険における要介護認定の調査の事だった。「調べに来たのに、未だ決まらない」ことが気にかかるようだった。独り暮らしをしている母は、現在、週二回、一回二時間のホームヘルプを受けている。その他のサービスは週に一回のデイサービスだ。デイサービスでは昼食と入浴のサービスが受けられる。最初、入浴を頼むのなんて嫌だと断っていた母だが、一昨年の夏に帰省した時、私が強く勧めてデイケア行きが実現した。「職員も親切でお風呂はとっても気持ちが良い」と、いまではとても楽しみにしている。

身体障害者一級、重いリウマチを患う母が独りで暮らしていけるのは、愛すべき畑があるからだ、と私たちは思っている。類まれな強い意志を持つ母は、およそ動かせるとは思えないほどに変形した手足を自力で動かす。それは表現出来ないほどの激痛を伴う。

母は自力でトイレに行く。しかし、一回のトイレに三十分から一時間は要する。このごろはその動作も困難になってきた、と言う。朝起きて、午前中は自分でズボンを下ろすことが出来なくなってしまったのだ。リウマチの症状は早朝、起きがけが一番辛い。体が硬直して全く動かないことも多い。体は太陽が昇っていくのに沿って少しずつ柔らかくなり、なんとか動かせることもある。このごろは激痛を抑えるための座薬を使用することが多くなった。

この母に要介護認定の調査員がやってくる。小さい町なので、役所の人も母の病状についてはよく知っていてくれていると思いたいが、一方で母が立派に独りで暮らしていること、他人の手を借りながらも畑の世話などもしていることもまた、知られていることだろう。母がその強い意志と頑張り屋のせいで介護の必要が低くみられるのでは、と家族は心配している。

リウマチの患者に対する要介護認定の結果については、仲間のヘルパーの間でも話題になっている。勉強会の事例でも紹介された。この例は、五十四歳の女性の例だった。要介護認定のモデル調査の結果「要介護度2」という判定がついた彼女は、現行での介護サービスでは、週四回のホームヘルプサービスを受けている。それぞれ三時間である。しかし、要介護度2ということは「基本的にはデイサービスを中心とした(週三回)サービスで居宅介護は一日の滞在時間が一時間以下となる可能性が強い」。

職場では「施設に入るしかないのでは」と話し合っているという。

(2)「払える分しか利用できない」
——北海道に住む友人の知恵子さんの例

知恵子さんは、私の初めての著書『ホームヘルパー・老人介護三百六十五日』を読んで手紙をくれたのがきっかけで、この三年間ずっと連絡を取り合っている。札幌に住んでいて、リウマチで重い障害とたたかいながら自立して生活をしている。九八年十二月、札幌で開かれた「看護科学学会」に主催者の中島紀恵子先生（北海道医療大学・看護福祉学部教授）が私をシンポジウムの発言者として招いてくれた時、自宅を訪問し、とっても楽しくそして貴重な話を聞かせてくれた。知恵子さんは全身をハローベストで固定し、やっと座位を保っていた。足も腕も驚くほど細く、自分の体を支える筋肉がすでになくなっているほどの大変さにもかかわらず、いやそうだからかもしれないが、とても情熱的で、優しさと厳しさに溢れていた。介護者としては未だ幼い私を一貫して励まし、その時もじっくり話を聞いてくれた。

「知恵子さんは、介護認定について、どう考えているんだろう」

出来ることなら札幌まで飛んで行って、知恵子さんに直接話を聞きたい。条件が許さず、電話をすることにした。

知恵子さんは明るい声で話してくれた。

「私はまだ認定を受けてないの。今受けてもまだまだ認定員の力量不足で、不安が多い。リウマチ患者の認定の問題は大きな問題だと思う」

知人のケアマネージャーの試算では、知恵子さんのケースでは、「要介護度2～3」という認定が予想される、と話していた。現在受けている介護サービスと大きく差は出てこないにしても、さらなる問題がある。それは、利用料一割自己負担という問題である。

「要介護度が高く認定されても、支給限度額と私が実際利用できる額は違う。私は低所得者の年金で支払うため、払える範囲で利用せざるをえない」

こうなれば、認定は、現実性がなく、実際は、その人その人が支払える水準の介護しか受けられないということになる。知恵子さんの話は、介護保険の本質的な問題を改めて突き出した。

(3)ケアマネージャーの思い入れによって大きな差が

先の五十四歳のリウマチの女性についての要介護認定が本調査で行われ「要介護4」という結果が出た。学習会のメンバーGさんからの報告だった。実際の調査にあたったのがGさんだったのではないが、Gさんがホームヘルパーとして係わっていたため、機関として利用者の難易度が対象化されており、調査自体が慎重に行われたのだった。

この女性に対する認定調査は、実に細やかなもので、それはリウマチという病気、障害に精通している者のみが可能な方法ともいえる。

彼女に対して、担当したケアマネージャーは、例えば、あらゆる関節の可動域を正確に聞き出した。

「右手の親指の第一関節は動かせますか。痛みはありませんか。動かしたあとどの位で元に戻せますか」

「股関節の動きは。どの位まで動かせますか」

「足首の動きはどうですか。痛みはありませんか」

このように、全ての関節を対象化した。

医者の診断や時間の動きによる痛みの変化なども合わせ、「特記事項」は何枚にもわたったということだった。結果、第一回目のモデル判定時が「要介護1」、二回目が「要介護2」、そして、本調査では「要介護4」ということになった。職場のヘルパーたちも、「ほっとした。一安心」ということだった。しかし、Gさんにとっては、「こんな判定、おかしい」というようなケースも多いという。中でも痴呆や「精神障害」に対する配慮がシステム化されておらず、実際の必要には程遠い判定が出てしまう例もいくつかあるということだった。

「そんな時、介護が受けられないような判定の場合、本当につらい」

Gさんは悩んでいた。

(4)「痴呆性の利用者の認定に不安」
——鹿児島の福祉のつどいに招かれて

鹿児島県の外れとも言えるところに坊津町という港町がある。かつては日本三津ともうたわれ貿易で栄えた町だったそうだ。ここの社会福祉協議会の事務局長の平野さんの計らいで、私は二年続けて鹿児島県の介護福祉関係者と交流することが出来た。九八年は「鹿児島県ホームヘルパー協議会」の研修会の講師、そして九九年は、地元川辺地区の福祉のつどいの講師として呼ばれたのだ。川辺郡笠沙町という美しい町が会場で、地域の福祉関係者が三百人ほど集まった。

私は、「手作りの福祉を支え合う地域に――本当の必要に応えるために――」と題して話をしたが、このあとに介護保険を巡っての「意見交換会」という企画があり、私はコメンテーターとして壇上に上がった。意見交換会は、老人福祉に係わる何人かの人から質問や意見が出され、それに対して鹿児島県の高齢者対策室の職員と県社会福祉協議会の職員が応えるという形式として進行していった。質問者・発表者は、特別養護老人ホームの施設長、民生児童委員協議会総務、老人クラブ連合会会長、地区社会福祉協議会など、あらかじめ予定された人たちだったが、その質問内容はそれぞれの立場性を表していたと思う。

介護保険に対しては、どんな地域でも不安や疑問が溢れているが、このような小さい自治体では特に深刻だ。この間、政府＝自自公路線の中で保険料の徴収が延期されたことは、自治体が保険料を徴収できないということであり、たとえば、町村が独自に実施するデイケアなどの施策は相当困難になってしまう。会場のあった笠沙町などは、「デイケアの中止も考えている」ようだった。

今回の意見交換会では、当時政府から出されていた「介護家族への手当て支給」と「要介護認定」に係わる質問、意見が目立っていた。中でも痴呆性老人に対する介護認定の方法についての質問は複数出され、関連機関の大きな関心になっているようだった。

「痴呆の方々には適切な認定がなされるかが非常に疑問である」（特別養護老人ホーム施設長）

「痴呆老人の要介護認定の方法を聞きたい」（民生児童委員）

このような質問に県の職員は、

「痴呆の状態を調べる項目も多数あるので心配ない」

というような答えをしていた。

私は、そもそも介護を必要と訴えている人の介護必要度を第三者が、しかもコンピュータに頼って判定するなどということは間違っており、必要度とは、必要としている本人が決めることが基本ではないか、と話した。さらに、リウマチや痴呆症状の人たちがたとえ一日のうちでも様々に症状を変化させ、ある一定の短い時間を区切って調査することでは正確な状態はつかめないのではないかと意見を述べた。

その上で、私は「調査―認定に対して、こう対処しよう」ということで、次の四点（コラム参照）を提案した。

要介護認定・調査への対処要領

一、必ず、立ち会いを要求しましょう。立ち会い人には、自分の生活の不自由、不安を十分知っててくれている人を。信頼できるホームヘルパーを要求することも追求しましょう。

二、病状や障害の様子をよく分かってもらうよう、十分に説明しましょう。最も大変な時の具合、介護の手が必要な場面を思い出して、答えましょう。たとえば、立ち上がりとか、トイレに行けるとか、聞かれますが、その行為には、実際どの位の時間がかかり、どの位の危険を伴うかなども訴えましょう。特記事項を利用しましょう。

三、調査員は出来るだけスムーズに短時間で調査をすまそうとするでしょう。遠慮しないで、たっぷり時間をかけてもらいましょう。自分自身と家族、ひいては介護を必要としている全ての人たちの生活と生命がかかっています。

四、調査のあとは、チェック事項を一つ一つ確認し、声に出して読み上げ、納得のいかない所があれば、必ず変更してもらいましょう。

＊

さらに、調査方法として夜間の訪問調査を提案した。「昼間の短時間だけの調査ではなく、二十四時間を対象化した調査、それも夜間、早朝の状態をよく分かってもらえるよう、調査員が夜間や早朝に訪問して調査することは、利用者の状態を知るために必要でしょう」

私は、演壇で、参加者の顔を眺めていたが、この要介護認定に係わる論議に差しかかると、それまで以上に真剣な緊張した視線と、空気が伝わってくるのがこの身に突き刺さってくるようだった。

私の演題である、「本当の必要」というテーマは、この介護保険の認定という差し迫った課題の前に一挙に現実のものとなった。

(5) 要介護認定の矛盾

さらに、いくつかの問題を深めていこうと思う。

一の立ち会い人の問題である。すでに何人か、調査を受けた人のケースで、立ち会い人が曖昧または、逆効果になってしまっていることを感じている。

Aさん（脊椎損傷で身体障害者一級）は、調査員が来た時、訪問看護婦立ち会いでトイレで排便中であり、その間娘さんが調査員に立ち会っていた。なんと、「トイレに入っている間に、調査項目の三分の一を娘が答えてしまっていた」と言うのだ。これは、調査があまりにもなし崩し的になされてしまっていることを示している。

はたして、Aさんは立ち会いに娘さんを指名したのだろうか。事前の打ち合わせはあったのだろうか。調査員は、調査日・時間が訪問看護の日時に重なっていることを事前にチェックしていたのだろうか。知っていて「かまわない」と判断したのだろうか。そもそも訪問日時は事前にAさんに知らされていたのだろうか。そして最大の疑問は、Aさん不在のまま調査項目の三分の一も終わってしまう、ということである。こんなことは許されないだろう。調査をやり直させるべきである。

二についても事態は深刻だ。たとえば、項目の内に食事に関する項目は極端に少なく、二項目だけだ。

4―3　嚥下　　1)できる　2)見守り（介護側の指示含む）　3)できない

4―7　食事摂取　　1)自立　2)見守り（介護側の指示含む）　3)一部介助　4)全介助

ここで、「見守り」という言葉が出てくるが、この概念は、専門的な援助内容としてどのように確認されているのか。具体的にどういう援助を言うのか。どういう指示を言うのか。答えるのは利用者本人である。さらに、「嚥下」という状態を判断するのが非常に難しい（私はそう考える）動作の判定基準である。

「食事摂取の自立」とはどういう状態を言うのだろう。食事とは、食べたい―食べるの意識化―食欲の形成―

認定調査票（概況調査）　0101

I. 調査実施者（記入者）

市区町村コード	□□□□□	実施日時	□□□□年□□月□□日□□時
管理市町村コード	□□□□□	調査者番号	000000000□
実施場所	□居宅内　□入所（院）施設内　□その他		

II. 調査対象者

過去の認定	（初回）・2回め以降（前回認定　年　月　日）
前回認定結果	非該当・要支援・要介護（　）
対象者番号	0000□□□□□□
生年月日	明治　年　月　日
ふりがな 対象者氏名	
現住所	
電話番号	□□□□□□-□□□□-□□□□
性別	（男）・女
申請日	1999年10月□□日
調査回目	01回目
家族等連絡先住所 氏名	
対象者との関係	
電話番号	－　－

III. 現在受けているサービスの状況についてチェック及び頻度を記入してください。

在宅利用

過去3月間の平均回数を記入　福祉用具貸与は調査日、福祉用具購入は過去6月の品目数を記載

訪問介護（ﾎｰﾑﾍﾙﾌﾟｻｰﾋﾞｽ）	月□□回	訪問入浴介護	月□□回	訪問看護	月□□回
訪問ﾘﾊﾋﾞﾘﾃｰｼｮﾝ	月□□回	居宅療養管理指導	月□□回	通所介護（ﾃﾞｲｻｰﾋﾞｽ）	月□□回
通所ﾘﾊﾋﾞﾘﾃｰｼｮﾝ（ﾃﾞｲｹｱ）	月□□回	福祉用具貸与	□□品目	短期入所生活介護（特養）	月□□日
短期入所療養介護（老健・診療所）	月□□日	痴呆対応型共同生活介護	月□□日	特定施設入所者生活介護	月□□日
福祉用具購入	□□品目	住宅改修	あり□　なし□		

市町村特別給付	介護保険給付外の在宅サービス

施設利用

□介護老人福祉施設　□介護老人保健施設　□介護療養型医療施設　□介護保険施設以外の施設

施設連絡先　施設名（　）

〒　－　　電話　－　－

IV. 調査対象者の主訴、家族状況、住居環境、虐待の有無等について特記すべき事項を記入してください。

認定調査票(基本調査①)

0102

市区町村コード □□□□□

対象者番号 0000□□□□□□

調査日 □□□□年□□月□□日

1-1	麻痺等の有無(複数可)	□ 1) ない □ 2)左上肢 □ 3) 右上肢 □ 4) 左下肢 □ 5) 右下肢 □ 6) その他
1-2	関節の動く範囲の制限の有無(複数可)	□ 1) ない □ 2)肩関節 □ 3) 肘関節 □ 4) 股関節 □ 5) 膝関節 □ 6) 足関節 □ 7) その他
2-1	寝返り	□ 1) つかまらないでできる □ 2) 何かにつかまればできる □ 3) できない
2-2	起き上がり	□ 1) つかまらないでできる □ 2) 何かにつかまればできる □ 3) できない
2-3	両足がついた状態での座位保持	□ 1) できる □ 2) 自分の手で支えればできる □ 3) 支えてもらえばできる □ 4) できない
2-4	両足がつかない状態での座位保持	□ 1) できる □ 2) 自分の手で支えればできる □ 3) 支えてもらえばできる □ 4) できない
2-5	両足での立位保持	□ 1) 支えなしでできる □ 2) 何か支えがあればできる □ 3) できない
2-6	歩行	□ 1) つかまらないでできる □ 2) 何かにつかまればできる □ 3) できない
2-7	移乗	□ 1) 自立 □ 2) 見守り(介護側の指示を含む) □ 3) 一部介助 □ 4) 全介助
3-1	立ち上がり	□ 1) つかまらないでできる □ 2) 何かにつかまればできる □ 3) できない
3-2	片足での立位保持	□ 1) 支えなしでできる □ 2) 何か支えがあればできる □ 3) できない
3-3	一般家庭用浴槽の出入	□ 1) 自立 □ 2) 一部介助 □ 3) 全介助 □ 4) 行っていない
3-4	洗身	□ 1) 自立 □ 2) 一部介助 □ 3) 全介助 □ 4) 行っていない
4-1 じょくそう	じょくそう(床ずれ)の有無	□ 1) ない □ 2) ある
	じょくそう(床ずれ)以外に処置や手入れが必要な皮膚疾患の有無	□ 1) ない □ 2) ある
4-2	片方の手を胸元まで持ち上げられるか	□ 1) できる □ 2) 介助があればできる □ 3) できない
4-3	嚥下	□ 1) できる □ 2) 見守り(介護側の指示含む) □ 3) できない
4-4 尿意・便意	ア. 尿意	□ 1) ある □ 2) 時々 □ 3) ない
	イ. 便意	□ 1) ある □ 2) 時々 □ 3) ない
4-5	排尿後の後始末	□ 1) 自立 □ 2) 間接的援助のみ □ 3) 直接的援助 □ 4) 全介助
4-6	排便後の後始末	□ 1) 自立 □ 2) 間接的援助のみ □ 3) 直接的援助 □ 4) 全介助
4-7	食事摂取	□ 1) 自立 □ 2) 見守り(介護側の指示を含む) □ 3) 一部介助 □ 4) 全介助
5-1 清潔	ア. 口腔清潔(はみがき等)	□ 1) 自立 □ 2) 一部介助 □ 3) 全介助
	イ. 洗顔	□ 1) 自立 □ 2) 一部介助 □ 3) 全介助
	ウ. 整髪	□ 1) 自立 □ 2) 一部介助 □ 3) 全介助
	エ. つめ切り	□ 1) 自立 □ 2) 一部介助 □ 3) 全介助
5-2 衣服着脱	ア. ボタンのかけはずし	□ 1) 自立 □ 2) 見守り(介護側の指示を含む) □ 3) 一部介助 □ 4) 全介助
	イ. 上衣の着脱	□ 1) 自立 □ 2) 見守り(介護側の指示を含む) □ 3) 一部介助 □ 4) 全介助
	ウ. ズボン・パンツの着脱	□ 1) 自立 □ 2) 見守り(介護側の指示を含む) □ 3) 一部介助 □ 4) 全介助
	エ. 靴下の着脱	□ 1) 自立 □ 2) 見守り(介護側の指示を含む) □ 3) 一部介助 □ 4) 全介助

認定調査票（基本調査②）

0103

市区町村コード □□□□□

対象者番号 0 0 0 0 □□□□□□□□

調査日 □□□□ 年 □□ 月 □□ 日

5-3 居室の掃除	□ 1) 自立 □ 2) 一部介助 □ 3) 全介助
5-4 薬の内服	□ 1) 自立 □ 2) 一部介助 □ 3) 全介助
5-5 金銭の管理	□ 1) 自立 □ 2) 一部介助 □ 3) 全介助
5-6 ひどい物忘れ	□ 1) ない □ 2) 時々 □ 3) ある
5-7 周囲への無関心	□ 1) ない □ 2) 時々 □ 3) ある
6-1 視力	□ 1) 普通（日常生活に支障がない） □ 2) 約1メートル離れた視力確認表の図が見える □ 3) 目の前に置いた視力確認表の図が見える □ 4) ほとんど見えない □ 5) 見えているのか判断不能
6-2 聴力	□ 1) 普通 □ 2) 普通の声がやっと聴き取れる、聴き取りが悪いため聴き間違えたりすることがある □ 3) かなり大きな声なら何とか聴き取れる □ 4) ほとんど聴こえない □ 5) 聴こえているのか判断不能
6-3 意思の伝達	□ 1) 調査対象者が意思を他者に伝達できる □ 2) 時々伝達できる □ 3) ほとんど伝達できない □ 4) できない
6-4 介護側の指示への反応	□ 1) 介護側の指示が通じる □ 2) 介護側の指示が時々通じる □ 3) 介護側の指示が通じない

6-5 理解	ア. 毎日の日課を理解することが	□ 1) できる □ 2) できない
	イ. 生年月日や年齢を答えることが	□ 1) できる □ 2) できない
	ウ. 面接調査の直前に何をしていたか思い出すことが	□ 1) できる □ 2) できない
	エ. 自分の名前を答えることが	□ 1) できる □ 2) できない
	オ. 今の季節を理解することが	□ 1) できる □ 2) できない
	カ. 自分がいる場所を答えることが	□ 1) できる □ 2) できない
7 行動	ア. 物を盗られたなどと被害的になることが	□ 1) ない □ 2) 時々 □ 3) ある
	イ. 作話をし周囲に言いふらすことが	□ 1) ない □ 2) 時々 □ 3) ある
	ウ. 実際にないものが見えたり、聞こえる	□ 1) ない □ 2) 時々 □ 3) ある
	エ. 泣いたり笑ったり感情が不安定になる	□ 1) ない □ 2) 時々 □ 3) ある
	オ. 夜間不眠あるいは昼夜の逆転が	□ 1) ない □ 2) 時々 □ 3) ある
	カ. 暴言や暴行が	□ 1) ない □ 2) 時々 □ 3) ある
	キ. しつこく同じ話をしたり、不快な音を立てることが	□ 1) ない □ 2) 時々 □ 3) ある
7 行動	ク. 大声をだすことが	□ 1) ない □ 2) 時々 □ 3) ある
	ケ. 助言や介護に抵抗することが	□ 1) ない □ 2) 時々 □ 3) ある
	コ. 目的もなく動き回ることが	□ 1) ない □ 2) 時々 □ 3) ある
	サ. 「家に帰る」等と言い落ち着きがない	□ 1) ない □ 2) 時々 □ 3) ある
	シ. 外出すると病院、施設、家などに1人で戻れなくなることが	□ 1) ない □ 2) 時々 □ 3) ある
	ス. 1人で外に出たがり目が離せないことが	□ 1) ない □ 2) 時々 □ 3) ある
	セ. いろいろなものを集めたり、無断でもってくることが	□ 1) ない □ 2) 時々 □ 3) ある
	ソ. 火の始末や火元管理ができないことが	□ 1) ない □ 2) 時々 □ 3) ある
	タ. 物や衣類を壊したり破いたりすることが	□ 1) ない □ 2) 時々 □ 3) ある
	チ. 不潔な行為を行うことが	□ 1) ない □ 2) 時々 □ 3) ある
	ツ. 食べられないものを口に入れることが	□ 1) ない □ 2) 時々 □ 3) ある
	テ. 周囲が迷惑している性的行動が	□ 1) ない □ 2) 時々 □ 3) ある

8 過去14日間に受けた医療（複数回答可）	処置内容	□ 1) 点滴の管理 □ 2) 中心静脈栄養 □ 3) 透析 □ 4) ストーマ（人工肛門）の処置 □ 5) 酸素療法 □ 6) レスピレーター（人工呼吸器） □ 7) 気管切開の処置 □ 8) 疼痛の看護 □ 9) 経管栄養
	特別な対応	□ 10) モニター測定（血圧、心拍、酸素飽和度等） □ 11) じょくそうの処置
	失禁への対応	□ 12) カテーテル（コンドームカテーテル、留置カテーテル等）
9 日常生活自立度	障害老人の日常生活自立度（寝たきり度）	□ 正常 □ J1 □ J2 □ A1 □ A2 □ B1 □ B2 □ C1 □ C2
	痴呆性老人の日常生活自立度	□ 正常 □ I □ IIa □ IIb □ IIIa □ IIIb □ IV □ M

認定調査票(特記事項)

0104

市区町村コード □□□□□

対象者番号 0000□□□□□□

調査日 □□□□年□□月□□日

1．麻痺・拘縮に関連する項目についての特記事項
1-1 麻痺等の有無、1-2 関節の動く範囲の制限の有無

1－□
1－□

2．移動等に関連する項目についての特記事項
2-1 寝返り、2-2 起き上がり、2-3 両足がついた状態での座位保持、2-4 両足がつかない状態での座位保持
2-5 両足での立位保持、2-6 歩行、2-7 移乗

2－□
2－□
2－□

3．複雑な動作等に関連する項目についての特記事項
3-1 立ち上がり、3-2 片足での立位保持、3-3 一般家庭用浴槽の出入り、3-4 洗身

3－□
3－□
3－□

4．特別な介護等に関連する項目についての特記事項
4-1 じょくそう(床ずれ)等の有無、4-2 片方の手を胸元まで持ち上げられるか、4-3 嚥下、4-4 尿意・便意、
4-5排尿後の後始末、4-6 排便後の後始末、4-7 食事摂取

4－□
4－□
4－□

5．身の回りの世話等に関連する項目についての特記事項
5-1 清潔、5-2 衣服着脱、5-3 居室の掃除、5-4 薬の内服、5-5 金銭の管理. 5-6 ひどい物忘れ、5-7 周囲への無関心

5－□
5－□
5－□

6．コミュニケーション等に関連する項目についての特記事項
6-1 視力、6-2 聴力、6-3 意思の伝達、6-4 介護側の指示への反応、6-5 理解

6－□
6－□
6－□

7．問題行動に関連する項目についての特記事項
7 行動 □

8．特別な医療についての特記事項
8 過去14日間に受けた医療

□

食事を作るための一連の行為—実際に食事を食べる—しかも、美味しさ、楽しみを感じられる—後片付け—さらに残り物の整理や始末—という生活の中に位置付いた食生活=文化そのものである。その一部分にでも支障が出てくれば、食事は困難になる。ここでは、用意されたものをただ食べるということのみ対象としているのだろうか。その場合、「見守り」とは何か。援助とどう違うのか。一部介助と全介助の間のひらきは、何段階かあるのかないのか。

これらは、調査員の質問の仕方（説明を含む）で答えも大きく異なってくるだろう。食べる行為にしても、「ご飯を茶碗と箸で食べられる」か「小さいお握りにすればなんとか食べられる」か「自助具を使って、しかも一時間もかけてやっと茶碗一杯を食べられる」か「口を茶碗まで持っていってなんとか食べられる」か、その様態は何通りも考えられる。これら全ては、「他人の手を借りない」自立と判定されるのか。

トイレに行く行為はさらに複雑である。プライバシーを守っていく尊厳の問題。障害への受容の程度、リハビリへの意欲などで、大きな隔たりが生じてしまうからだ。ある人は、何時間もかけて改造した便器で排便を済ます。ある人は、はってでも自力でトイレまで行こうと努力する。

とにかく、全ての項目について、介護福祉の視点から見れば曖昧な表現であり、判定するとすれば、非常に悩まざるを得ないのだ。

「つめ切りの自立」ってどんなことだろう。私だって、利き手（私は右）の手の爪を切るのは不自由である。

このように、調査項目の一つ一つは未だ統一した概念も基準も確立されていない、曖昧なものであり、であるから、三の提案が重要になってくるのだ。一つ一つの調査項目と格闘し、介護の必要を示し出していくためには、相当の時間が必要になってくるだろう。一時間や二時間の限られた時間では到底無理なのである。私たちは、まずこのことを認定の基礎としたい。四のチェック事項の確認は決して省いてはいけない。実際、調査員に間違いがある可能性もある。変更してもらうことをためらわないことである。

要介護認定は必要な介護を提供するためのシステムとは言えない。逆である。必要な介護をなんとか提供しないための「切り捨て」のシステムなのだ。切り捨ての企みには、認定を受ける利用者自身が、私たち介護者が、一つ一つの現場で、事例を捉えて、具体的に争っていかなければならない。九九年十月一日の介護認定受け付け開始を巡って、関係者には「あまり混乱はなかった」「予想より申請は少ない」などと評価しているものもいるらしいが、認定作業自体がほとんど信頼されていないのが現実であり、知恵子さんのケースのように、本当の必要と隠しようのない矛盾が噴き出してくるのはこれからである。つまり、矛盾とは、実際の必要と、評価と、さらに実際の介護保障との間の矛盾なのだ。

(6) 介護の値段

Yさんの場合

西荻館の会員でもあるYさんは「要介護3」という判定であった。この判定は、Yさんにとって意外だった。「せめて4」という思いがあったからだ。

実際のところ、「要介護3」で受けられる介護の量ということではYさんのケースは深刻である。Yさんは現在、在宅介護サービスを何種類も受けている。中でも排便に伴う医療行為の必要から週三回の訪問看護サービスと、一日三回の巡回による排泄介護は生命維持のための必要最低限の介護と言っていい。しかし、今回の介護報酬を計算すると、

訪問看護――一回、一万二、八四二円（訪問看護ステーションからの訪問、一回、一時間以上一時間半未満、東京都の地域加算率1・072を掛ける）

となり、週三回で月十二回と計算してもひと月に、訪問看護サービスだけで、一五万四、一〇四円になってしまう。

さらに、巡回の排泄サービスについて見てみると、Yさんは、現在深夜の一時に二人訪問で巡回ホームヘルプを利用している。

巡回ホームヘルプ、深夜一時、二人訪問の場合

介護料は三十分未満で計算　一回　六、七五四円

（深夜加算50％、二人訪問200％、地域加算率1・072として）

このサービスを毎日利用すると、ひと月三十回利用として二〇万二、六二〇円となり、Yさんは、週三回

介護給付費点数表　　2000/1/18

介護報酬点数表

医療保険福祉審議会・介護給付費部会・平成12年1月17日諮問の概要

1 居宅サービス

訪問介護	身体介護	30分未満		210 単位/回
		30分以上-1時間未満		402 単位/回
		1時間以上 ―1時間半未満		584 単位/回
		以後30分ごとに		219 単位/回
	家事援助	30分以上-1時間未満		153 単位/回
		1時間以上 ―1時間半未満		222 単位/回
		以後30分ごとに		83 単位/回
	身体介護と家事援助とが同程度の場合	30分以上-1時間未満		278 単位/回
		1時間以上 ―1時間半未満		403 単位/回
		以後30分ごとに		151 単位/回
	加算等	3級ヘルパー(身体介護)	所定の	95 %
		2人訪問ができる場合	所定の	200 %
		夜間(18-22時)早朝(6-8時)	所定の	25 %増
		深夜(22時-6時)	所定の	50 %増
		特別地域訪問介護	所定の	15 %増
訪問入浴	訪問入浴介護	看護職員1+介護職員2		1,250 単位/回
	加算等	介護職員3人の場合	所定の	95 %
		清拭・部分浴	所定の	70 %
		特別地域	所定の	15 %増
訪問看護	訪問看護ステーション	30分未満		425 単位/回
		30分以上-1時間未満		830 単位/回
		1時間以上-1時間半以下		1,198 単位/回
	病院又は診療所	30分未満		343 単位/回
		30分以上-1時間未満		550 単位/回
		1時間以上-1時間半以下		845 単位/回
	加算等	准看護婦・士の場合	所定の	90 %
		訪問看護ステーションのPT, OT		830 単位/回
		夜間早朝	所定の	25 %増
		深夜	所定の	50 %増
		特別地域	所定の	15 %増
		緊急対応(訪問看護ステーション)		1,370 単位/月
		緊急対応(病院・診療所)		840 単位/月
		特別管理加算		250 単位/月
		ターミナルケア加算	死亡した月に	1,200 単位
訪問リハビリテーション				550 単位/日
居宅療養管理指導	医師、歯科医師		月1回	940 単位/回
		別に寝たきり老人在宅総合診療料を算定している場合	月1回	510 単位/回
	薬剤師	月2回限度		550 単位/回
		特別薬剤加算		100 単位/回
	管理栄養士		月2回限度	530 単位/回
	歯科衛生士 等		月4回限度	500 単位/回

の訪問看護と、一日一回深夜の巡回排泄介護を受けただけで、月に三五万六、七二四円分の介護を消費してしまうという計算になる。

ところが、要介護度3のYさんが利用できる介護は月に二七万円程である。これだけでも足りないのだ。なんと、Yさんの場合は、今まで無料で受けられていた、滞在型のホームヘルプや巡回入浴サービス、デイサービス、そして必要な排泄のための巡回サービスがことごとく受けられなくなり、今後自己負担になっていく。

(7) 生活から遠ざかる介護

介護保険で提供する家事援助は、「一人暮らしか家族が障害や病気などで家事を行うことが難しい場合に限る」という厚生省発表の見解で、介護保険における介護とは、限られた身体介護のみを表現する色合いがますますはっきりしてきた。介護という行為が、オムツを交換する、体位を変える、水分を補給する、じょくそうを処理する、という処置的なものに矮小化され、決して一連の生活を支えていくというものではなくなるのだ。しかも、介護にはそれぞれに値段が付けられ、三十分以下単位が基本になっていくだろう。まさに介護の切り売りである。

利用者本位という理念も空文句になってしまった。介護を受ける権利とは、「障害」や病気を抱えてなお、自立した自分らしい生活を保障していくために様々な援助を自己決定していくことを言うのではなかったのか。

四月一日から始まる介護保険は、社会保障制度の根本的な解体のほんの一歩のように思える。社会福祉事業法の改「正」をもって、「障害者」への福祉政策にまで契約制が導入されていくという動向は、およそあらゆる福祉が「購入する」福祉に転換していくということであり、生産性のない者は、抹殺されていくという段階への突入とも言える。

生活する、生活し続ける、生きる、生き続ける、介護を受ける、介護を受け続けるということが、ただそれだけで、意味の深い、たたかいとも呼べる営みになっていくのだ。

(8)介護保険は「裸の王様」

介護保険というシステムはその実施時期が迫ってくればくるほど、システムの根幹の問題が隠しようもなく暴露され、今では国民の圧倒的多数が支持できないということが世論とさえなってる。なぜ、支持されないのか。それは、介護保険で介護は救われないからである。

ここに至って、政府・自自公（自民、自由、公明）は介護保険の見直しとして、「保険料の徴収時期の延期」「家族介護慰労金の支給」を言いだした。

介護保険が国民的に支持されないまま保険料をとるとなると、自自公政権の存亡さえ危ぶまれるということらしい。総選挙をにらんでの一時的な選挙対策であり、自分たちの政党の存否だけを考えた、実にふざけた「見直し」であり、選挙後には消費税の大幅アップなどにもつながる、これは国民への騙《だま》しというしかない。

そもそも、介護保険とは、介護のシステムをいかに作り上げるか、必要な介護をどうやって保障するのかというスタンスのものではなく、当初から、「いかに、老人からも金をとるか」「年金からもとれるか」「全国民からもとれるか」という問題意識ではじまったものだと、私は思ってきた。

「介護の社会化」とか「介護家族を救え」とか、「自由な契約」「選べる権利」などというキャッチフレーズは介護保険の本質を覆い隠すベールであり、いまやそのベールもボロボロなのだ。

もしも、そのベールがボロボロではなく、最初は頼りない紙一枚でも、努力をしてしっかりとどっしりと暖かく身を包んでいたら、もしかするとその「見直し」にも納得いく人もいたかもしれない。しかし、介護保険は、もう「裸の王様」なのだ。

介護保険の本質が「深刻化する介護問題にどう対処するのか」という脅しをもって国民からいかに搾取するかということであることが、今回の「見直し」論議で完全にはっきりしたと、私は思う。そして、その本質を実施当初から施行できないほどに、今の政権は支持されていないし、介護保険はあやふやなものだともいえる。

(9)ケアプランの触りだけでも問題が次々に

政府の「見直し」が保険料の徴収問題レベルで論じられていく中で、実際の介護の現場では、とんでもないことが起こりはじめている。実際は、四月一日までもう間がない現在（二〇〇〇年二月）に至っても、保健福祉行政レベルでは決まっていないことが多く、まさになし崩し的事態で突入していくことになる。

介護保険制度は、最初の関門である「要介護認定」の段階で、すでに本質的問題を噴出させている。私たちホームヘルプの現場でも、実際介護認定を受けた利用者に「いったいどのようなケアプランが立てられるのか」という所で大問題にぶつかっている。

一つに、三月三十一日をもって、現在の介護福祉サービスに終止符を打つことが出来るのか、という問題である。

二つに、ケアプラン作成に際する、介護報酬の問題が未だ決着つかず、今頃になって厚生省から「折衷型」などという案が出されたことである。

これは、介護とは何かということを根底から問う問題だ。なぜなら、「どこまでが身体介護で、どこからが家事援助」などということを線引きで決めるとすれば、生活支援という介護福祉の根本がゆらいでしまうからである。

三つに、自己負担の問題である。たとえ要介護度が高い数値として確定されたとして、それに見合ったケアプランが立てられるかと言えば、そうではない。利用者は保険料と一割の自己負担金を払わなければならない。例えば、要介護5という判定がついた利用者は、介護保険料―毎月三、〇〇〇円を払うとする。さらに、要介護5として受けられるサービスの上限である三五万八、三〇〇円分全てを利用すれば、自己負担一割の三万五、八三〇円は払わなければならない。合わせて、三万八、八三〇円である。この三万八、八三〇円が払えない場合は、ケアプラン自体が必要な介護から遠ざかっていくことになる。

結局利用者は実際に自分で払える分の介護しか受けられないのだ。そうなれば、要介護認定やケアプランの意味さえなくなってしまう。

四つに、介護基盤整備の不十分という問題がある。具体的には、要介護度に見合ったサービスがその地域で保障されているのかどうかという問題である。

以上、介護保険を、要介護認定—ケアプランという視点の触りから見ただけでも、未解決課題は次々に出てくることが分かるだろう。

⑽命に係わる重大な事態が

九九年九月三十日、JOC東海村事業所で起きた原子力発電の臨界事故は、日本中を震えあがらせた。事故の原因であったウラン再転換を行っていたJOCの作業工程のずさんさがとりあげられたが、多くの国民にとっては「そんな危険な作業が、まさかあんな民間の工場で、いいかげんに行われていたとは」という初歩的な驚きの大きさだった。

きちんとした操作手順で行えば、三時間かかるというような処理作業を、迅速に、効率良く行おうとして、発想された「バケツを使って六分の一の三十分に短縮する」という作業工程はまさに、呆れるというしかないが、それを一体誰が、作業員に強制したのか、という問題となると、事態はもっと深刻である（当日被曝したJOCの作業員大内久さんは、一九九九年十二月二十一日に死亡—三十五歳）。

この二十年ほどの間、原子力発電所は急増しているにもかかわらず、生産能力という点では格段の差がないというのが現状のようである。欧米からどんどん輸入する濃縮ウランを限られた生産能力で処理しようとするシステムの歪み、無理が積み重なって今回のような大事故が必然化されたとも言える。疎《おろそ》かにされたのが安全性の確保である。

原発事故と並んで、この間大きな社会問題にまでなっているのが、旧国鉄＝JRを巡る事故や事件である。九九年は、新幹線のトンネル内コンクリート片落下事故が何度もニュースになった。都心のJRも信号故障や点検不備から起こる事故や故障が多発している。加えて、時世の社会不安による「人身事故」が頻発し、まともに動いていることの方が珍しいくらいである。

かつて、国鉄分割民営化を讃える人たちは、「JRのサービス向上」「利用者本位」を売り物にした。はたして、私たち利用者にとって、国鉄分割民営化は良かったのだろうか。

利益優先のJR路線で、赤字ローカル線は廃止され、町が消えていく。急行でユックリ旅行したくとも、新幹線しか選べない。高額な運賃。その上、危ない。時間通りに目的地にたどりつけない。

国鉄分割民営化には、何十万人という国鉄職員の首が飛んだ。ここでも安全性の確保が疎かにされた。

私は、介護保険は、介護福祉の分野における国鉄分割民営化だと考えている。

原発にしてもＪＲにしても、人の命に直接係わってくる重大な生産過程の中に、効率化、合理化、利益優先の論理を持ち込んで、無理に無理を重ねた作業工程をシステム化していく時、必ずとんでもない誤算が出てくる。

人間の命を疎かにし、時間を切り縮めて管理しようとすれば、そのしっぺ返しをシステムそのものが負うことになるだろう。

介護は、人と人の触れ合いの中で成り立つ、人間の普遍的な営みである。それは、生活全般に係わり、生活をおりなし、生活を豊かにするものであり、たっぷりの時間と愛情に育まれてはじめて可能になる人間の行為なのだ。

3　くつろぎを語る

⑴一杯のコーヒー

養護老人ホームにいる伯父（正確には母の伯父・八十九歳）を訪ねた。このホームは全室個室、立地も北海道（函館）ということから広々としていて共有スペースも充実している。心身共に健康と言ってもよいほど元気な伯父は五年前からここで生活し、それを幸福と考えているようだ。

この日訪ねると部屋は空である。ちょうど廊下を掃除していたホームの寮母さんが、「二階の喫茶コーナーでしょう」と教えてくれた。

二階の喫茶とは、売店コーナーの一角にたった四人だけ座れるカウンターのことで、その時は伯父も含め四人全員男性が席を占めていた。

伯父が語ってくれたこと。

「毎日、この喫茶に来て、コーヒーを飲みながら仲間と歓談するのが楽しみ。月曜から土曜までやっていて、日曜が休みなのがえらく寂しいんだ」

「どうして、喫茶のがいいんですか」と質問した私に、伯父が答えた。

「コーヒーはインスタントでも飲める。でも、こうして目の前で女の人が入れてくれるのがいいんだ。お湯もポットから注ぐのでなく、直火でぐつぐついったのを使うのがいいんだ。待ってる間の香りがまた良い」

そうか。毎日の大切なひとときなのだ。くつろぎの一服ということなのだろう。私は、Kさんの話を思い出していた。軽費老人ホームで生活していたKさんは言っていた――「ホームの中に街のようなものがあればいいなあ。気のきいた店とか、喫茶店とか、図書館とか。おしるこ屋なんかもいいなあ」。

たった四人が座れるだけの喫茶カウンター。でもそんな小さなスペースが心地よいのかもしれない。

二種の老人ホーム

〈養護老人ホーム〉

設置主体は、市区町村。おおむね六十五歳以上の者であって、身体上、精神上または環境上の理由及び経済的理由により、居宅において養護をうけることが困難な者を入所させて、養護することを目的とする入所施設。

〈軽費老人ホーム〉

低額な料金で老人を入所させ、給食その他日常生活上必要な便宜を供与することを目的とする入所施設で、利用方法は利用者と施設長との契約による。

〔介護保険では〕

この二つの施設は、介護保険においては、「特定施設入所者生活介護」事業という事業に該当することになり、施設が介護保険適用事業として申請し、認められるという手続きをとることになる。

＊

(2)「はやく、はやく」

日本の母親が子どもにむかって、日常的にもっとも多く使うと言われている言葉は、「はやく、はやく」だそうだ。そういえば、思い当たる。朝、「時間よ。起きて」のモーニングコールに始まって、服を着るのにもたもたしていると、

「はやく、はやく」

顔を洗おうとしていると、「はやく、はやく」と熱いタオルを顔に押しつけられたりする。朝ご飯のおかずなんかを眺めていると、

「はやく、はやく」

道を歩いていても、駅でも、買い物でも、

「はやく、はやく」

そして、私たちはいつの間にか、何でも速くできることが良いのだ、と教え込まれてきた。

学校でもそうだ。「速さ」は評価され、「遅さ」は軽蔑される。

運動会の徒競走ではトップでゴールに到着するのが、当然一番とされる。もしかしたら、みんなが一斉に前を向いて走っている時、一人だけうろうろとマイペースで遊んでいる子こそ、大物かもしれないのだ。

「知能指数」の世のなかでは、失敗は許されない。「つまずき」はやり直すことを求め、余計に時間を必要とするからだ。やり直すひまがないスピードの歯車の中に、現代社会は組み込まれてしまっている。

「はやく、はやく」とせき立てられる価値観の中で、ゆっくりと物事をやってみるだけで世の中の矛盾が見えてくるようなことも多い。

もうずっと前のことであるが、ある時、東京駅八重洲口の大横断歩道を、知り合いの老紳士と二人で歩いて渡った。私たちは八重洲の近くの美術館で開かれていたクールベの絵の展覧会に行こうとしていた。その老人も画家だった。

彼は、少し足が弱っているので、スタスタというわけにはいかないが、それほどスローだったとは思っていない。ところが、私たちは信号が青になるのを待って渡り始めたにもかかわらず、三分の二ほどの距離で信号は黄色を過ぎて赤になってしまった。

信号の速さは、「老人」には速すぎるのだ。車は発進の準備をしている。私たちは、大きなゼスチャーをして、やっと渡りきったのだった。立ち止まることは、もっと危なかった。

(3) 自動改札

今ではもう、駅の自動改札に慣れてしまっている人が多いだろうが、西荻窪の駅でさえ、八年前までは、改

札口には駅員が立っていた。さらに、もう少し前の時代は、切符売場も駅員が対応していた。駅の改札が自動になってから、ますます忙しくなった。自動切符売り場で切符を買い、機械を通ってホームへ。降りる時も自動改札。何ひとつ人間の手を介さないこのシステムはとても味気ない。ワンパターンの急ぎたいひとには良いのかもしれないが、ついて行けない人も多いだろう。目の見えない人、手の不自由な人、車椅子、などなど。

知り合いの老人は、自分が行くことが予想される区間の定期券を買う。定期券を買うのに見合うほど使用するのではないので不経済だと思い、私は聞いてみた。「使うのは週に一、二度だが、切符を買ったり、小さい切符を改札口に入れるのが難しいんだ」と答えていた。

また、ある老人は、

「目が悪くなり、駅で運賃を書いた掲示板がどうしても読めない」

と出掛けるのを控えるようになってしまった。

また、ある人は、西荻から中野に行くのに、バスを乗り継いで行くという。

「駅はこわい」のだ。彼女も九十歳。中野は通院のためである。朝、八時頃は通勤の人たちで駅も電車もごった返し、一度、もみくしゃにされて、転んでしまい、大変な思いをした、と話してくれた。

このような話は、もうキリがないくらいである。

このような人間不在の急ぎのシステムはいったい誰が考え出したのだろう。様々な機械を導入し、その中でも「キセル防止の特殊な機械」など、人を大切にするためではなく、人を疑い、企業に一円でも多くお金が入るように、人件費を減らして、私たちを危ない目に合わせている。

何かおかしい。本当におかしい。

(4)くつろぎの時間

一日の労働から家に帰ると、そこは自分だけの空間。しかも、部屋中に懐かしい匂いが染みついている。ため息のような息を吐いて、私が真っ先にすることは、身体を縛っている衣服を脱ぎ捨てることだ。とりわけいやなのは、ブラジャーと靴下である。最低この二つの束縛から身体を解放して、私は個としての自由を取り戻す。

　連日の労働から場所も時間も離れ、自然に抱かれた温泉宿の湯に入った、あの瞬間の喜び。疲労がゆっくりと湯の中に溶け出していくのを実感する。おいしい空気、おいしい水、そしておいしい食事、何も考えずに休むために眠る。

　くつろぎは、こころも体も裸になれるような環境にある。そして、プライバシーが守られ、誰からもじゃまされない空間の中にある。しかし、孤独ではない。心底から安心できる安らぎの中にある。くつろぎの場は、生活の場と結びついている。くつろぎにはゆったりとした時間の要素が必要であるが、決して退屈なのではない。退屈はむしろ、くつろぎの対局にあると言われている。

「精神障害者」のMさんが常日頃から言っていることに、

「暇と退屈は違う」というのがある。真意はよく分からないが、とにかく「退屈は耐えられない」ということを訴えたいようだ。

「退屈は、内的なストレスが溜まってきてどうしようもなく苦しくなり、それが行き場がない状態」。Mさんの説明はこうである。そう言えば、西荻館にやって来るほかの「障害者」も、「退屈でしょうがない」「退屈で苦痛だ」とよく訴えている。彼らには、時間が十分にあるようで、私から見れば羨ましいようなものなのだが、その苦しみは、私には理解できないようだ。

「時間とはすなわち生活だ」

と『モモ』を書いたミヒャエル・エンデは言っている。そして、「人間の生きる生活は、その人の心の中にある」と。

　Mさんを苦しめている退屈は、その生活障害と密接しているようだ。Mさんにとって時間は自分のものであって、自分からかけ離れてしまっている、彼自身の生活そのものなのではないだろうか。

　Mさんは何種類もの薬を飲んでいる。それは依存と言えるような症状でもある。例えば、私がこう言う。

「なんだか風邪を引きそうだ」

　それを聞いてMさんが反応する。「風邪薬をあげようか」。私は「いらない」と言う。

　その次に、Mさんがすることは、風邪薬を飲むことだ。「僕も風邪を引かないように薬を飲んでおこう」。風邪を引きそうな人間が側にいることが彼を不安にした。

Mさんは実にいろんな薬を持っている。

「今、不安になりそうだから不安時に飲む薬」

「これから出掛けなくちゃいけないから元気の出る薬」

「眠りたい時間の〇時間前には眠剤」

私は彼らに対して薬のことは触れないことにしている。薬に関することは医療行為であり、私は専門家ではない。私は、彼らが薬を飲む時に水を用意するくらいである。しかし、心の中では「どうしてこんなに薬を飲むんだろう」と思っていることも事実だ。薬づけの精神と肉体、本当にくつろぐということはないような気がする。

(5)それでも家がいい

西荻館のイブニングケアにやってくる「精神障害者」の中には、精神病院への入退院を繰り返している人が多い。新しい年が明け、気温こそまだまだ寒いが日照時間も長くなり、なんだか春の気配が感じられそうになる頃は、精神病を抱える人たちも一年でも最も辛い症状を訴える人が多い。西荻館のイブニングケアもすでに三年という実績の中で、記録をめくってみれば、それぞれの利用者が去年の今ごろどんな信号を出していたかを窺うことができる。「××さん、何だかこのごろ変」と気づいて、一年前の記録を頼ってみたところ、同じような変化が毎年あることを発見したりするのだ。

記録とはいっても、ノートに個条書き程度に記されているだけのものであるが、これが無いのとあるのとでは、こちらの心構えも違ってくる。毎日の出来事、利用者の様子などを記録するということは本当に必要である。観察と記録は介護そのものなのだ。

さて、春めいてくる季節は、具合の悪い人が多い。寒さも伴って、イブニングケアに通ってくるのもしんどいようで、参加者も少なくなる。代わりに多くなるのが、電話コールだ。

「僕もうだめだよ」。この頃たてつづけにコールしてくるQさんはずっと通い続けてきた作業所で何かあったらしい。「もう、働くとこなくなっちゃった」。少し自棄《やけ》を起こして、禁じられているお酒を飲んでしまったらしい。彼は糖尿病も抱えているので飲酒はまた別の影響を引き起こすことにもなる。その上、階段から落ちてしまって足腰が立たないようだ。Qさんは八十歳を超した母親と二人暮らし。「お母さんのためにも、少しでも働いて安心させたい」といつも話していた。

「気分が悪くて何もする気がしない」と何度も訴えてくるR子さんも、不安定だ。毎週土曜日は決まって顔を出しているのだが、「イブニングケアに参加したい」気持ちと、体のだるさがうまくいかないようだ。

「このごろ鬱症状が辛くなった」とうつむくOさんは腰にヘルニアを起こし、歩いてくることが出来なくなった。食べることにも困っている。私はOさんに聞いてみた。

「Oさん。随分つらそうだけど、それでも入院するよりは、このアパートが良いのですか」

Oさんは、直ぐに答えた。「当然です」。

「どうして。病院は、食事も出るし、何の心配もないでしょ」

Oさんが答えた。

「病院は独りになれない。病院は、いつも職員の目がある。そしていじめがある」

「いじめ？」。私は聞き返した。

「いじめですよ。日本はいじめの社会だよ」

どんなに不自由でも、困難が多くても独りで気ままにいられる自分の部屋が一番良いのだ。病気を治すのが目的の病院という場所が、決してくつろぐことが出来ないストレスの世界であることを物語っていた。R子さんもQさんも、他の全ての利用者が、「入院はいやだ」と言う。

Oさんから「保護室」のことを聞いた。

「ちょっとでも大声を出したりすると、保護室に入れられるんだ。そこでは自由が全くない。僕たち精神病者は、とにかくおとなしくしていることを要求される。例えば病院内で暴力なんかが起こった時は、実際は九五パーセントは職員が悪い」

「でも中には理解してくれる職員もいるでしょう」

「確かに全くいないことはない。人員とか体制の問題でもない。心掛けの問題だ」

心掛けと表現したその内容を私はしばらく考えてい

た。

保護室

精神病院特有の部屋で、個室である部屋には窓がなく、トイレのみがあり、ドアには鍵がかかり、患者は外に出られない。廊下から中が覗ける小さなのぞきまどがあり、看護婦(士)が患者の状態を監視している。急性期の患者や「問題のある」人が入れられるが、こんな設備がどうして治療と言えるのか。様相は「刑務所の独房というのはこういうものか」と、体験者は語る。Oさんの入院したことのある病院には保護室だけの病棟があったということである。

＊

(6) ヘルパーさんを代えて欲しい

精神障害者のMさんのホームヘルパーを引き受けて数カ月経ったある日、Mさんからこんなことを言われた。

「部屋を掃除するヘルパーさんを代えて欲しい」

Mさんへの訪問はヘルパー二人の複数訪問で、一人が洗濯。一人が居室の掃除というふうに仕事を分担している。初めのころは、Mさんも部屋にいて、いろいろ要望を聞いたり、お喋りしながら掃除を進めていた。居室と言ってもMさんは家具などはほとんどなく、テレビ、洗濯機、こたつぐらいである。食事も基本的に部屋で作ったり食べたりしないので、生ゴミも出ない。私が部屋に残って掃除担当になるときなどは、ほとんど真面目に掃除はしないで、Mさんと一緒に窓の外の猫をながめたりしている時間のほうが多い。

それに比べ、同行してくれていたヘルパーさんは本当に一生懸命、ピカピカになるまで部屋を磨いてくれる。私にとっては、本当に有り難いと思っていたのだが、どうも、その一生懸命がMさんには疲れるのだそうだ。

Mさんと話し合いを経て、私たちは、部屋の鍵を預かり、ホームヘルプの日はMさんが外出し、その間に掃除、洗濯を済ますということになった。ホームヘルパーとしては、限られた時間内に、テキパキと用を済ます必要があることもある。

このMさんの訴えは、私にとても大切なことを教えてくれた。ホームヘルパーという仕事は時に、利用者のくつろぎの空間に、ずかずかと入り込んでいくことなのである。短い時間に効率良く、テキパキと用事を済ます。その上、利用者に一々「確認」行為をしながら。

「○○さん、これはどうしますか」

「○○さん、これは、取っておきますか。捨ててよろしいですか」

「次は何をいたしましょうか」

そもそもものを頼むのが上手とはいえない利用者に対して、質問の洪水は、拷問と思われることさえありそうだ。しかも、利用者とは、病気や障害を抱えた人たちである。普段はゆっくり休んでいるベッドの側で、ワサワサ動き回られ、点検されるということは明らかに介入であり、気持ち良いものではないだろう。

重要なことは、私たちは、利用者のくつろぎの空間に介入していっている、ということを自覚することではないだろうか。Mさんのように外に出ていける利用者ばかりではない。そして、さらに重要なことは、利用者の気分を害するほどの介入にならないための、私たち介護者サイドの余裕ではないだろうか。さきほどの「窓の外の猫をゆっくり眺める」ようなゆとりと遊びが、介護には必要なのではないだろうか。実際は、ヘルパーが手も足も口も動かさないでいるような時間、その時間を利用者と共有することまで必要な介護と言えるのではないだろうか。

Mさんには精神障害による生活障害とも呼べる不自由がある。そしてそれは、時間の障害とも言える。彼にとって、あくせくとした時間の介入は暴力そのものなのではないだろうか。西荻館に来ても、いつも所定のソファーにゆったりと座っているMさん。Mさんが「ヘルパーを代えて欲しい」と訴えたその内容は、そのような深い意味が込められていたように思う。

Mさんに対して「洗濯のやり方を覚えてもらうよう指導したほうがよいのでは」と提案した仲間がいた。しかし、私の考えは、「指導などしない」。

Mさんが求めているのは、二週間分溜まった洗濯ものを綺麗にしてくれること、そして部屋の中のゴミを始末し、ベッドメーキングを整えてくれることである。私たちは、二週間に一度のホームヘルプで、せめてその日だけでもMさんが綺麗に整えられたベッドに眠ることが出来ればそれで十分だと考えている。そして、「これから二週間、毎日下着を着替えてもなくならない」という安心をMさんが感じられれば、それで十分なのだ。

(7)言いたくても言えないこと

Eさんの介護を引き受けてもう十年になる。このごろは週に二回の夜の時間帯に訪問するだけであるが、Eさんは、今も意気軒昂として暮らしている。Eさんは現在、様々な介護サービスを受けながら自立した生活をおくっているが、その中に週に三度の訪問看護がある。看護の内容は排便のケアである。

私が介護に入っていた当初は、週に三度の排便も、ホームヘルパーの私たちが介護していた。脊椎損傷のEさんは、宿命ともいえる便秘に悩んでおり、排便には苦労してきた。前夜に下剤を服用し、翌朝にはグリセリンを挿入、腹部マッサージなどして、やっとの思いで排便出来るのだが、これでもだめな時は、浣腸や滴便、洗腸などの処置をする必要がある。これらは医療行為であり、看護婦が処置にあたる必要が出てきたのだった。

こうして週に三度の訪問看護が実現し、Eさんも、私たちホームヘルパーも一安心した。

私はEさんとの介護関係の中で、Eさんの排便についての微妙な事柄を私なりに心得てきたつもりだ。十年前、リハビリ病院からEさんが退院する際、付添いの女性に一番念を押されたのが、排便のタイミングについてだった。退院して在宅の生活を始めてからも、排便については最も気を遣い、「どうすれば、気持ち良く排便できるか」「後始末をきちんとできるか」が大きな課題だった。

排便がスムーズにすみ、Eさんが爽快な気持ちで一日を過ごせることは、私自身の喜びでもあった。だから、私はEさんのどんな便を見ても、その始末も嫌なことはなかった。だれだって、自分の大便を嫌だとは思わないだろう。

排便の日、Eさんには気掛かりがある。それは、便が出きらなくて後に引くことだ。どういう事かというと、トイレで排便したあと、オムツをするのだが、後からオムツに便が出てしまうことがある。これは、色々な意味でどうしても避けたい。Eさん自身も気持ちが悪いし、介護人にも申し訳ないと思う。私たちホームヘルパーにとっても、大変なことになる。洗濯ものも増える。この気掛かりは、Eさんとホームヘルパーが共有している気掛かりなのだ。だから、私たちホームヘルパーも排便に係わる一連の出来事に配慮するのだ。とりわけ排便の終了のタイミングが重要になってくる。十年前、退院時に付添いさんから念を押された事柄は、

「排便のお世話は、こちらが焦っちゃだめ。もうこれくらいでいいかな、と思っても、もう少し頑張ってもらうことが重要。そうしないと、後から便が出てしまい、大変なことになる。患者さんも私たちも困る」

ということだったのだ。

しかし、この気掛かりの共有は、Eさんとヘルパーが一日のおおよその時間を共有するということがあって初めて成り立つ。そして、その条件が今は崩れてしまっているようだ。介護が寸断されてしまっているからである。排便そのもののケアは訪問看護婦がするのであるが、その看護婦は一時間あまり滞在し、排便の処理をするだけである。彼女が帰ったあと、Eさんにどんな心配が残るのか、次の介護者がオムツを開いた時、そこに「気持ちの悪い」原因があるかもしれない、などとは予想もしていないのだ。

「もう少し、ゆっくりとトイレをさせて欲しい。後のことが心配。でもその日の看護婦さんは、なんだか忙しそうで、なんでも次の所に行く時間が迫ってるようで、まだまだ十分じゃないのに、もういいですか、と言われてしまう」

Eさんが言いたくて、言えないことなのである。

(8) 広くなったスペースで

福祉の家「西荻館」は九九年の十一月に引っ越しをして、三十六・八坪のスペースを持つ建物に移った。今は亡きKさんからの提供で使わせてもらっていた以前から比べれば三倍の広さになったということである。

これにはいくつかの理由があったが、共同作業所の

開設に向けての思い切っての踏み込みであった。家賃も三倍になった。

物件は店舗としての様相になっており、かつては宅配ピザ屋の店舗であった。動力電力の設備もあり、クーラーも行き届いている。三階建ての一階部分で、とても開放的であり、将来は事務室や休憩室にという部屋も確保されている。共同作業所やデイサービス、食事サービスをするにはもってこいの場所と言える。敷地スペースも広く、車両を四台は置ける駐車スペースが専用にあり、自転車で来館する利用者、スタッフにとってもありがたい。

引っ越した当初は、まだまだ人間の匂いがせず、何か無機質な冷たい建物のようだったが、活動を開始し、二カ月、三カ月を経てくると、だんだん暖かみのあるスペースになりつつある。食事サービスの拠点ということで、お弁当作り、イブニングケアと、開館日はいつも美味しそうな食事の匂いに包まれている厨房と食堂には、夕食時間ともなると、二十人近い人たちが集まってくる。

「引っ越して来て三カ月、このごろ、ここがとっても好きになった。とってもくつろげる」

そう感じているのは、私だけではなかったようだ。食事を作ってくれる女性たちも、食べにくる利用者の老人や「障害者」、地域の人たちも、同じように感じているようだった。そのためか、この頃のイブニングケアは参加者も増え、そして食後の歓談が楽しげに続くようになった。

最近、もう一つ特徴的な事柄がある。それは、お弁当配達やイブニングケアを手伝ってくれる人が増えてきたことだ。この現象は、気づいてみれば、今年になってから毎週のように新しい協力者がやって来るようになった。

ある男性は、リサイクルをひょこっと覗いて皮ジャンを購入したのをきっかけに、今では毎土曜日にお弁当を配達してくれる。

また、五十一歳で福祉専門学校に通ってる男性は、卒論のテーマにNPOを取り上げるということで、見学に来たのをきっかけに、今では「精神障害者」のホームヘルプに同行してくれるようになった。

バレンタインデーのチョコレートケーキ作りの料理

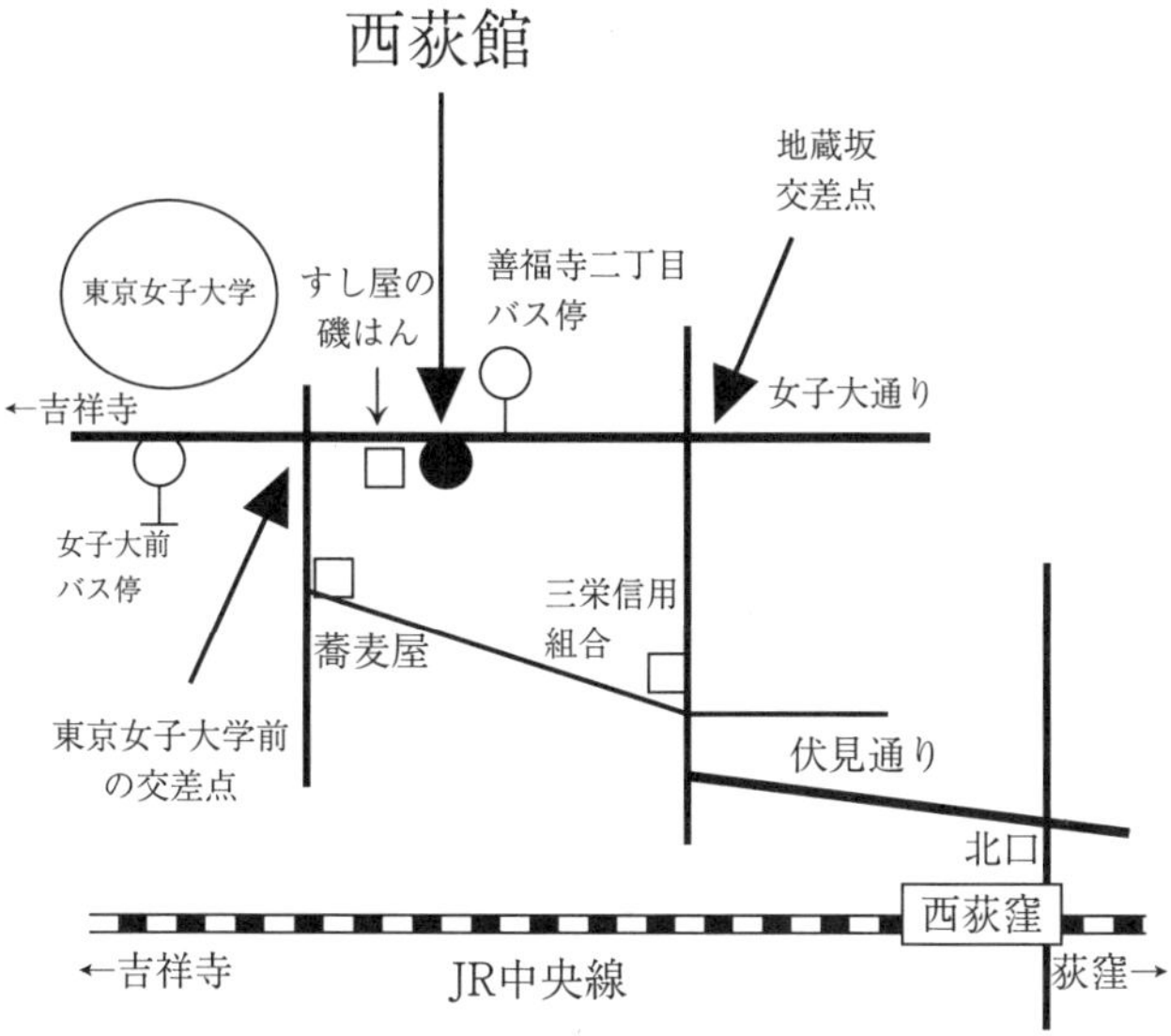
西荻館
地蔵坂
交差点
東京女子大学
すし屋の
磯はん
善福寺二丁目
バス停
←吉祥寺
女子大通り
女子大前
バス停
蕎麦屋
三栄信用
組合
東京女子大学前
の交差点
伏見通り
北口
西荻窪
←吉祥寺
JR中央線
荻窪→

〈西荻館の間取り〉

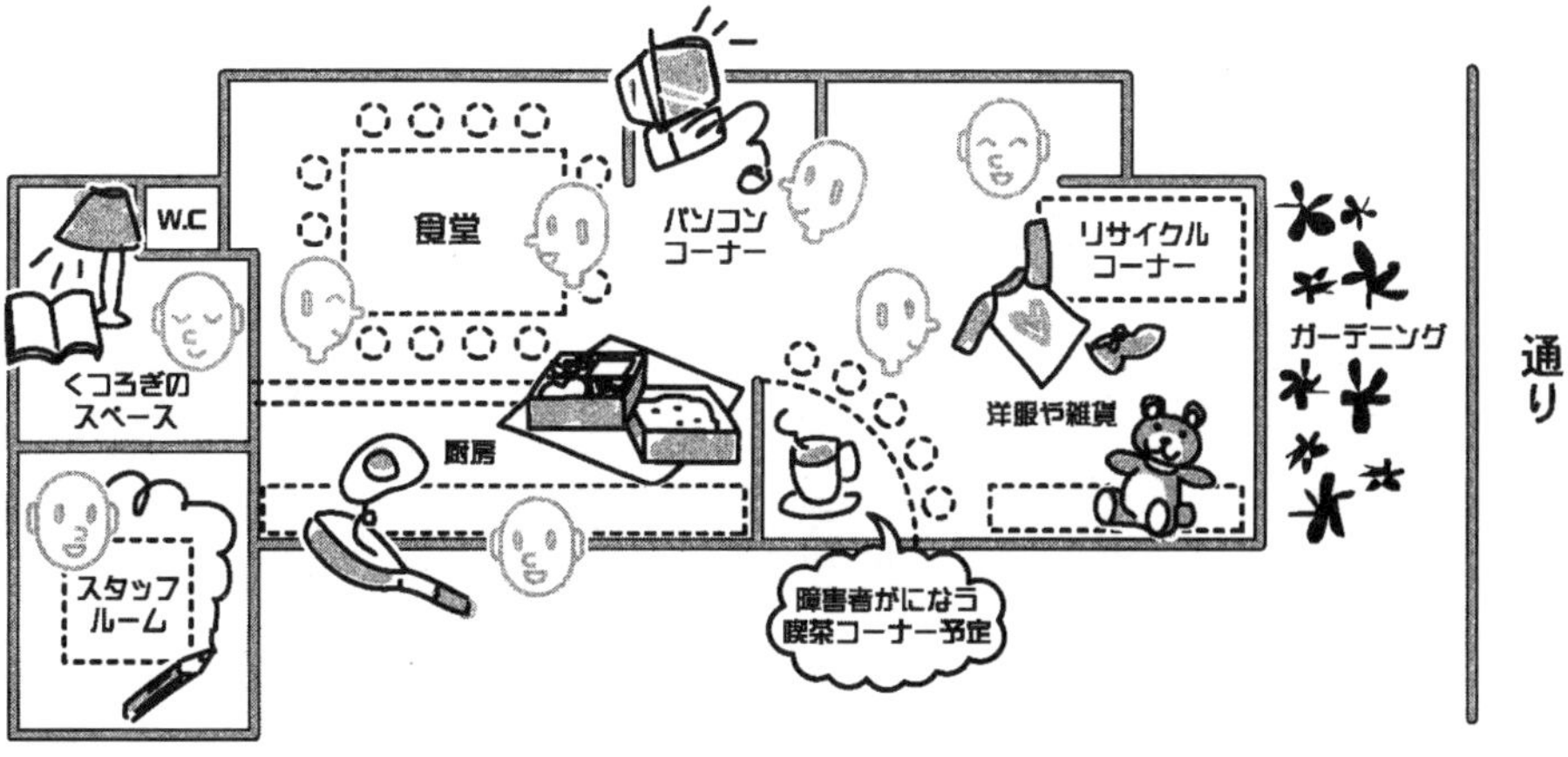
W.C
食堂
パソコン
コーナー
リサイクル
コーナー
くつろぎの
スペース
厨房
洋服や雑貨
ガーデニング
通り
スタッフ
ルーム
障害者がになう
喫茶コーナー予定

教室に初参加した二十代の女性は、インドネシア文化を研究しているという学生で、三月には早速、インドネシア料理を講習してくれることになった。

その外にも、見学者や参加者が相次ぎ、開かれた活動の場としても、西荻館は賑わっている。何人かの人が話してくれたことだが、

「前の場所の時から西荻館のことは知ってました。でもリサイクルをちょっと覗くぐらいで、中までは遠慮していたんです。本当はやってることにも関心があったんです」

お店は、広くなった分だけ、受け入れられる人間たちも豊かになったのだろう。これから寒い冬になり、一月二月のこの時期に、新しい参加者がぞくぞく訪れるということは、きっと凄いことに違いない。暖かい春が楽しみである。

「精神障害者」の仲間たちも、この頃はゆっくり時間を過ごすようになってきた。「マイスペース」を確保し、煙草を吸ったり、お茶を飲んだり、お喋りをしている。

老人や地域の人たちとじっくり話し込んでいる姿もよく見かけるようになった。私たちがめざす「くつろぎの家」に少しずつ近づいているようである。

(9) ゆとりをもって、生活を介護したい

私は一人の「障害」を抱えた女性の介護を引き受けることで、ホームヘルパーになった。十年前に入っていった介護という世界は、介護を必要とする女性と生活を共にすることだった。その人の生活のペースに沿って、私は必要な介護を行った。必要は、その人が一番よく知ることであった。

それは、「障害」を抱えながら地域の中で、そして住み慣れた家で生活し続けることを希望した高齢女性の自立をほんの少し援助するという介護だった。

この十年間、介護福祉をめぐっては大きな出来事がたくさんあった。何といっても大事件は、介護保険が法制化され、制度として開始されることである。介護保険制度は、介護内容を点数化し、それぞれに値段をつけていく。その値段は、介護のメニューに合わせて、時間を区切って細かく付けられる。そして、介護という営みを身体介護に矮小化し、家事援助という生活支

援や、話し相手という関係作りなどの重要な部分を介護の枠から外そうとさえしている。

介護を働く私たちには、「効率の良い」「効果の上がる」「合理的な」介護の方法が提唱され、小刻みに介護内容が定められ、利用者のところを走り回るようにして、介護とは決して言えない「処置」をするように命じられる。そして、このシステムはまだ始まったばかりだというのに、もうとっくにその「裏切り」性をさらけ出してしまっている。

私たちは、介護という、人の肌に直接ふれながら、その人の人生にも触れていくという実に奥の深い仕事に心から魅力を感じて働いてきた。そしてそれは、その人の生活をそのまま介護できる喜びでもあった。しかし、今後、介護を分刻みの時間のファイルに収めなければならなくなっていく。私たちは、毎日、何十枚ものファイルを抱えては、部分的な介護を実践していくようになるのだ。そんな風な働き方になって、はたして、私たちは、介護を大好きな仕事と言っていられるだろうか。疲れ果てた肉体が心構えにそんな余裕を許してくれるだろうか。

「時間とは、すなわち生活だからです」

と言ったエンデの「モモ」を思い出そう。

モモという「いささか異様な」見かけの、しかし、「すばらしくうつくしい」目をした少女は、「どこかで拾うか、人からもらったもの以外は何ももっていない」。

モモは所有という束縛から自由な存在なのである。そして、そのモモが誰よりも見事に出来ること、それは、「人の話を聞くこと」だった。モモは「ただじっと座って、注意ぶかく聞いているだけ。その大きな目は、あいてをじっとみつめています」。

しかし、モモに話を聞いてもらうだけで、人々は、自分が何を望んでいるのか、何を必要としているのか、何ができるのか、など自分自身の意志をはっきりわかるようになる。そして、希望と明るさ、勇気がわいてくる。

モモは子どもたちにも大人気で、モモがいるだけで楽しくなる。モモは、

「遊びを教えるのではない。モモはいるだけで、みんなといっしょに遊ぶだけです」

モモがたくさん、たくさん持っているもの、そしてだからこそ、モモがモモでいられること、モモの才能が生きてくること、それは、時間というものだ。モモは限りないほどの時間を持っている。モモが相手の話にいつまでも耳をかたむけ、相手の悩み、困難、悲しみにも、そして喜び、思い出にもどこまでも付き合っていられるのは、たっぷりの時間があるからだ。モモが本当に心からあいての必要に応え、癒すことが出来るのは、ゆたかな時間という後ろ楯があるからなのだ。モモはそれをよく知っていた。だから、灰色紳士が人々から時間を盗み、人々の生活をギスギスしたものにしようと企てた時、モモは時間泥棒の正体を誰よりも見抜き、それと立ち向かい、ゆたかな時間を取り戻すことができたのだ。

私は、「介護保険は時間泥棒だ」と言う。時間泥棒たちは、理髪店のフージーの店に行って、フージーに次のように言う。

「あなたは、年取ったお母さんと二人ぐらしですね。毎日、あなたは耳の聞こえないお母さんをあいてに一時間もおしゃべりする。これはむだに捨てられた時間です」

そして時間の倹約の方法を教える。

「仕事をさっさとやって、よけいなことはすっかりやめちまうんですよ。一人のお客に一時間もかけないで、十五分ですます。むだなおしゃべりはやめる。年よりのお母さんとすごす時間は半分にする。いちばんいいのは、安くていい養老院に入れてしまうことですな。――寝る前に十五分もその日のことを考えるのも止める。――店の中に正確な大きい時計をかけるといいですよ。それで使用人の仕事ぶりをよく観察するんですな」

さて、理髪店のフージーは時間泥棒の忠告通りに時間を節約して必死で働いた。そしていつの間にか、「だんだんとおこりっぽい、落ち着きのない、くたびれた、とげとげしい目つき」になっていくのだった。仕事といえば、「楽しいとか、仕事への愛情をもって働いているなどということは問題でなくなり」逆に「仕事のさまたげに」なってしまうのだった。

エンデの「モモ」はあまりにも有名な童話であるが、

読書好きの私は、四十五歳という今になって初めてこの名作の扉を開けたことになる。私は「モモ」についての噂をたくさん聞いていた。いつか必ずその本に魅せられ、モモを大好きになるという予感があったのだ。私には直観的な確信があった。「いつか、私が本当に必要とした時に、きっとモモのほうから私の前に現れるだろう」と。そして、それが今だった。

十年前、ふとしたことで一人のホームヘルパーになり、「介護とは何」という問いを常に実践の中に考えもとめてきた。その人の生活をその人らしく介護したい。そのためには何が必要なのか。

介護保険というシステムに介護人としてどうしても納得いかないのは何故なのか。介護保険を「裏切りの介護」と直観したのは何故なのか。

私が先の二冊の本（コラム参照）であれほどに、「ゆるやかな時間のなかで」「生活を共にする」とこだわったのは、何だったのか。そのヒントをモモが教えてくれたのだった。

「なぜならば、時間はすなわち生活」「生活とはすなわち時間」なのだからだ。

「モモ」のストーリーでは、街中が時間泥棒の陰謀にかかり、みんなが時間をケチケチしはじめる。すると、「自分たちの生活が日毎にまずしくなり、日毎に画一的になり、日毎に冷たくなっている」のだった。「人間が時間を節約すればするほど、生活はやせほそってなくなってしまう」のだった。

この節の後半の大部分をミヒャエル・エンデの「モモ」の力を借りてしまうことになってしまった。しかし、表現不足で多くを語るより、ずっと良かったと、私は思っている。

「くつろぎを語る」はこのようにして未完であり、私と西荻館、そして、今後の介護福祉のこれからのおおきなテーマである。ただ一つ、これだけはきっぱりと言いたい。

「介護とはすなわち生活、そしてそれは時間なのだ」と、時間は介護を組み立て、保障する絶対的な前提となる条件であり、環境であり、心であり、主体なのだ、と。

エンデは「モモ」のあとがきで、この話が、将来起こることとして話してもよかったのだと、暗示している。まさに、今現在のことである。

高橋道子が書いた二冊の本

『ホームヘルパー・老人介護三百六十五日』

二十四時間の泊まり込み型から出発した経験を軸に、介護福祉士になるまでの過程、西荻館設立の経緯などを生なましく綴った本。一九九六年に発行されたこの本の中で、既に介護保険が介護福祉の〝死〟につながると危機感を表明。介護に携わる人々に大きな共感を呼んだ。

哲学者の故久野収もこの本に「国家のしぶしぶな足並みの中で市民として新しい生の存在理由をあかしするために奮闘される高橋さんとそのお仲間、出版された書房に感謝の言葉を心から申述べます」と賛辞を寄せている。

『介護を生きる～〈西荻館の日々〉～』

一九九八年三月刊。行革の嵐が吹き荒れ福祉が切り捨てられてゆく中での財政問題、「切り売り」される介護のあり方への批判、「精神障害者」のケアへの新たな取り組み等を綴っている。

（二冊とも麦秋社刊）

Ⅲ　不思議な人たちとの出会い

——「精神障害者」への生活支援活動の中で

1　イブニングケア

(1)開業ヘルパーへの道

福祉の家「西荻館」は現在、週に三回、イブニングケアを行っている。西荻館のイブニングケアは夕方の時間帯、お店を開放して夕食を食べてもらうということで、言うなれば食堂ということでしかない。食事をしにやってくるのは、「精神障害者」と呼ばれている人たちが中心である。そもそもは、地域の高齢者を対象として始まった西荻館がこのようなイブニングケアを事業の大きな柱にするようになったのには、いくつかのプロセスがある。

食堂として改造した店舗型の福祉事務所——福祉の家「西荻館」はお弁当を作って地域の高齢者に配達することから活動を開始した。一九九五年五月のことである。事務所を提供してくれたのは、当時、軽費老人ホームで生活していたKさん。Kさんは、私が毎月出している介護ミニコミ誌「えいじんぐ——地域の中で」の熱心な読者だった。介護福祉士として活動の場を得て自立しようとしていた私を応援し、自らも住み慣れた地域に帰って人生を飾りたいと考えていた。

「介護福祉士と老人の共同事務所にしよう」

「僕も高橋さんと机を並べて仕事をするよ」

「事務所は、食堂にしようと思う。僕のような老人がたった一人で来ても、暖かく迎えてくれて、口に合う美味しいものを作って食べさせてくれる、そんな食堂がいいな」

倉庫として使っていた店舗を保健所の指導を得て改造し、いつでも飲食業が出来るようにした。お弁当箱を選んだり、食器棚を設計したり、その過程のKさんは、新しい事業にわくわくしていた。八十一歳、決して丈夫ではなかったKさんが希望と勇気をつぎ込んだ西荻館はこうして商店街のど真ん中に誕生した。

Kさんは、西荻館に最期の情熱を全てかけたかのように、その夏、この世を去った。この年は大変な猛暑で、ちょっとした脱水症状が命取りになってしまったのだった。

介護福祉事務所を店舗という形態にこだわったKさん。しかも、その店舗は食堂というスタイルだった。そしてそのことが、その後の西荻館と私を大きく方向づけていくことになった。

食堂というスタイルを生かして、私たちは近隣の老人たちへのお弁当配達を始めた。はじめはほんの身内的なものでしかなく、最初の利用者は一人だった。お弁当開始のちらしを作って配ったり、地区の民生委員の所を回ったりして、その数は徐々に増えていった。現在は、週二回、三十名程の利用者がいる。

お弁当の配達と並んで、西荻館の活動の中心にすえる取り組みにイブニングケアがある。これは、夕方から夜の時間帯に夕食を提供するものだが、対象者は主に「精神障害者」である。イブニングケアという言葉、事業の内容については、あらかじめ私は知っていたわけではなかった。東京都・地域福祉財団に対して、活動の助成金を申請する際に都サイドから提案されたことだった。「精神障害者」と呼ばれる人たちへの地域での支援体制はまだまだほとんどなく、病院や保健所のデイケアも少ない。まして、夕方時の食事を提供するサービスは皆無と言えるほど少ないということだった。「いつでも使える厨房」を生かして、「精神障害者」へのイブニングケアに取り組めないか、という都サイドからのアドバイスで、私たちは四年前からこの取り組みを行っている。

名称独占の資格「介護福祉士」

介護福祉士は、一九八七年「社会福祉士及び介護福祉士法」によって定められた国家資格であるが、この資格がないと介護の仕事が出来ないというものではなく名称独占の資格である。「名称独占の国家資格」ということから、私は初めから「開業できる」ための資格であると考えていた。しかし、一定の養成課程や業務実績を経て開業に踏み切るケースはまだまだ稀有である。

「社会福祉士及び介護福祉士法第二条・二」

この法律において「介護福祉士」とは、登録を受け、介護福祉士の名称を用いて、専門的知識及び技術をもって、身体上若しくは精神上の障害があることにより日常生活を営むのに支障がある者につき入浴、排せつ、食事その他の介護を行い、並びにその者及び介護者に対して介護に関する指導を行う者をいう。

＊

(2) 必要とされたイブニングケア

イブニングケアと言っても、「精神障害者」の人が来てくれるだろうか。それに、「精神障害者を対象」と打ち出して、大丈夫だろうか。スタッフの間に不安はないだろうか。始めるにあたって私が抱いた心配は、二カ月後には嘘のようだった。ホームヘルプ先の近くに住んでいた礼子さんを、私が訪ね、西荻館に誘ったことをきっかけにして、周辺に住んでいる障害者が次々にやって来るようになったのである。私が住み込みでホームヘルパーをしていたEさんの近くのアパートに住んでいた礼子さんを、私は何度も見かけていた。当時見かけた礼子さんは、いつもうつむいて歩いていたのが記憶にある。目も悪いようだった。「何か心に傷を負うているような」「事情がありそうな」女性だった。「礼子さんのような人にとって、必要とされる場を作れたら」

私の直感だった。そして、私の直感が、礼子さんの直感に響き、礼子さんの友人たちが来るようになったのだった。友人というのは、保健所のデイケアの仲間、病院の知り合いなどだった。イブニングケアは、閉塞された在宅の精神障害者にとって、ささやかではあるが、開かれた窓なのかもしれない。そして、一度開かれた窓からは、彼らのこころの中の、そして生活の困難からの必要と呟きが次々と聞こえてきたのだった。

(3) 「え、幻臭？」

一九九七年八月東京都地域福祉財団からの年間五百十五万円の活動助成金が西荻館に交付されることが決まった。「精神障害者」へのイブニングケア、ホームヘルプという活動が未だ行政レベルでもほとんど行われておらず、いつでも使える厨房と開放された食堂を利用しての可能性が評価されたのだった。

「障害者と共に生きる地域拠点の提供」――それが事業の名称であった。

助成金交付の決定を確認して、私は礼子さんを訪問した。私の訪問が受け入れられるかどうかドキドキしながら礼子さんの部屋のドアを叩いた。いつも車椅子を押している私は礼子さんにとって見覚えがあったようで、私は部屋の中に通された。そして、翌日、公園で待ち合わせて、西荻館に行こうと誘った。翌日約束の時間のかなり前から礼子さんは公園に来ていたらしい。

こうして、一人の「精神障害」を抱える女性が西荻館に来るようになった。

数日後、礼子さんは近くに住む一人の男性を西荻館に連れてきた。Tさんの初来館の日のことはユニークなエピソードと共にとても印象的だった。

「僕は、もう少しでまた入院するところだった。この数日何か変な匂いがはしておかしい、おかしいと思っていた。それをいつもの病院で訴えたら、医者が〝それは幻臭だ。そんな幻覚があるなら入院したほうがいい〟と言った。僕は入院はいやだったんだ」

彼が入院を免れたのには次のような経緯があった。

「看護婦が僕の服を脱がせようとした時、何か臭う豆のようなものがポロリ落ちたんだ。〝あらこれ、納豆じゃない〟と看護婦。匂いの元はこの納豆で、衣服にずっとへばり付いていて、変な匂いがしていたんだ」

笑い話のようにTさんは報告したが、その語り方が実に表現力豊かだった。Tさんはその後もずっと西荻館に通ってきているが、演技力と言ってもよい表現力は今も変わらない。しかし、これは決して笑い話ではないのではないか。もし、納豆が見つからなかったらTさんは本当に入院させられていたかもしれない。「幻臭」という精神病症状をカルテに書かれて、もしかしたらとんでもない薬を投薬されたかもしれないのだ。笑ってはいられない、笑い話である。

礼子さんとTさんは、西荻館に不思議な風を運んできた。四十歳にもなろうとしていたのに、まるで少年のようなTさんを「天使のようだ」と表現した主婦もいた。この年齢不詳の正体はいったい何?

「精神障害者」の入院

「精神保健福祉法」によると、精神病院への入院には三通りある。

①**任意入院**：本人の同意に基づく入院。退院も本人

の意思によるが、指定医の診察の結果、本人の医療や保護のために入院継続の必要があると認めたときは、七十二時間に限り退院させないことができる。

②医療保護入院：本人の同意は得られないが、指定医の診察の結果、入院が必要と認められた場合に、保護者（保護者がいないときは市町村長）の同意によって入院させるもの。

③措置入院：入院させなければ自傷他害のおそれのある者に対して、都道府県知事の権限で強制的に入院させるもの。二人以上の指定医の診察の結果が一致した場合のみ可能。

入院の六十パーセント以上は任意入院となっているが、実際には「閉鎖病棟」処遇であったり、退院制限がおこなわれたり、さらに、家族の同意を得て「医療保護入院」に移行される例もあり、精神病院への入院が継続されていくケースが多い。

＊

(4)拘束――「逮捕されるかもしれない」

Tさんと言えば、つい最近電話をかけてきた。

「僕、逮捕されるかもしれないんです」

びっくりした私が理由を聞くと、

「実は、先日〝狂言〟をしてしまって。一一〇番してしまったんです。そこで調書をとられて、検察庁に回って、呼び出されたんです」

「〝狂言〟って、またどうして」

「むしゃくしゃして。誰かを困らせたくて。幻覚があったと思うけれど。とにかくその時は何だかわからなくて」

一一〇番というのは、多分被害妄想がおきたんだろうが、具体的なことまでは聞かなかった。私は、「大丈夫。今はそれが〝狂言〟だったって冷静に分かっているんだから、その通りに話せば大丈夫だよ」と言って、知っている「人権救援センター」の電話番号を教えて、そこでは無料で相談にのってくれること、何かあったら弁護士を派遣してくれることを教えた。

「明日、十時に練馬区検に行くんです。でも道子さんに電話してよかった。精神障害者だからっていって、甘えちゃいけないから、逮捕されてもよいと考えてた。でも安心しました。やっぱり病気なのかな」

次の日、昼ごろ西荻館にTさんがやってきた。ピシッと背広を来て、検察から戻ってきたその足のようだった。

「道子さんのお陰で不起訴処分でした」

Tさんの例は、決して特別ではない。精神障害者は常に、拘束の危険にさらされている。一時、弁護士事務所の手伝いをしていたことがあった私に逮捕や拘束ということへの少しばかりの知識があったことが、この時役に立った。

西荻館という小さな福祉のステーションがこんな重大な事態に対応できたことが、その夜のイブニングケアで話題になり、Tさんとの信頼を一つ積み上げたかもしれない。

拘束・拘禁と精神病は切り離せない関係にある。被害妄想などの病状悪化の中で、パニックになり、警察や病院に救護を求めれば、拘束・拘禁される場面に直面する。警察や病院ではなく、地域の中に、生活の場に援助を求められる拠り所が必要なのだ。電話一本で、重圧から逃れられることもある。

また、拘束・拘禁が精神病の引き金になることも多い。「拘禁性ノイローゼ」という病名があるほどである。八王子で当事者主催の作業所をやっているNさんは、十五歳の時、何か激しく落書きをしたという事で精神病院に連れていかれた。そして保護室に入れられた。Nさんは自分がなぜそんな所に入れられるのか納得出来ないまま何年もを精神病院で過ごした。精神病の薬も沢山投与された。五十歳を超えた現在もNさんは病院と薬から逃れられないのだが、十五歳の時の初めての拘禁体験はのちのちずっとNさんの精神を拘束し続けているのかもしれない。

突然拘束され、理由も納得できずに治安と医療の名の元に自由を奪われる。それがどんなに恐ろしく精神破壊的な虐待か。拘束・拘禁が病状を悪化させることは多いだろう。

精神障害者が日常的に拘束・拘禁の危険にさらされている最大の背景は、精神病者―精神障害者に対する社会的な偏見と差別の構造だ。一九五〇年に「精神衛生法」が公布されるまで、精神病者は、「精神病者監護法」（一九〇〇年制定）のもと、警察の監視―管理下に置かれていた。「精神病者＝何をするか分からない人＝

危険人物＝犯罪者」という偏見—差別—排除の構図には、さらに長い歴史があると言える。実際は精神障害者が法的・社会的な「犯罪」を起こす割合は、そうではない人間たちの割合に比してもずっと少ないというデータがある（犯罪を起こす以前に隔離・拘束されているという現実）。何度かの法改「正」によって、精神障害者が「治安の対象から福祉の対象に」なってきているとはいえ、本質的な意味で、この構図は変わりないと、私は考える。

障害者の人権相談はここへ

このように拘束や拘禁の危険にさらされたり、社会の中で差別や迫害を受けた時、救援や相談を行う機関はごく限られているが、次のようなものがある。

〈障害者の人権110番〉

毎週水曜日、午後一時から四時まで。障害者の、施設・病院での問題、相続・財産についての問題、虐待・教育の問題などについて、弁護士がさまざまな相談に応じる。身体障害・知的障害（痴呆性高齢者の方を含む）・精神障害者の方たちや、その家族や施設関係者の方々はこの相談窓口を活用できる。

０３—３５８１—２２８４

電話相談の結果によって面接相談が行われる。

〈権利擁護センター「すてっぷ」〉

東京都の補助を受け、東京都社会福祉協議会が運営、一九九一年に設立、一九九七年には、精神障害者法律相談事業を開始した。

０３—３２６８—２６１１

０３—３２６８—１１５５

相談日 火・木・金曜日

（住所—新宿区神楽河岸一—一

セントラルプラザ11階）

〈救援センター〉

特に、逮捕・拘束についての緊急時、救援の体制をとっている。

０３—３５９１—１３０１

（いずれも二〇〇〇年三月現在）

＊

(5)なによりも心のこもった食事を

「敬愛する友人の縁で、西荻館のイブニングケアのお食事にスープ中心のメニューを提案するようになって三カ月になります。お食事は身を養い心を潤す大切なもの、竈《かまど》に火を絶やすことなく燃やし続けることは命をつなぐことだと思っています。竈の番を自分の役割ときめはじめた『大きな竈』で、これから、コトコト、グツグツ、おいしいスープを煮だしていきましょう。大地の恵みを全部スープに溶かしこんで、旨みとしてたち上がらせるという試み。うまくいったら、ほめてくださいね。よろしく」

武蔵野市に在住する主婦のグループが西荻館のイブニングケアに食事を作ってくれることになった。イブニングケアを始めて三年。現在週三回行っているこの夕食会には、精神障害者の利用者をはじめ、高齢者、介護家族など十名から十五名が食事をしにやってくる。三年前に開始したころは、何かケアという名称に「どんなケアをすればよいのか。医療の専門家を呼んだ方がよいのか」などと悩んだこともあった。

しかし、今まで続けてきて、「何よりも、美味しい食事を提供する」ことが大切だと確信している。イブニングケアには、精神保健に係わる地域の保健婦、行政サイドからの依頼や紹介も多い。保健所や病院ではデイケアとして昼食を提供するところはあっても、夕食が出来る場所は少ない。たとえ病院などでイブニングケアとしての取り組みがあったとしても、夕食の内容には特別な労力をかけられない。せいぜい、入院患者と同じメニューを場所をかえて提供するというものらしい。

ある時、区の保健福祉相談センターからの紹介、依頼で一人の男性がイブニングケアに食事をしにきた。紹介を受けるについてその保健婦から言われたことは、「Mさんは、月曜から金曜までは作業所に通い、そこで昼食をとっている。土曜日が困るので西荻館で受け入れてほしい」ということだった。

Mさんが初めてイブニングケアに参加した日のことは今でも覚えている。縦線が入っている紺の背広を着たMさんは終始無言でうつむきながらもくもくと食事をして、食べおわったらすぐに出ていった。その雰囲気は単純に神経質と表現するより、もっと奥深い精神の苦しみのようなものが、私にも伝わってきた。

「Mさんは、西荻館の食事を気に入ってくれたのだろうか。また、来てくれるだろうか」

そんな心配をして、一週間後を待とうと思っていた私にとって、次の土曜日を待たず、二日後の月曜日に再びMさんが「食事をしたい」とやって来たことは、本当に嬉しかった。

Mさんは現在、週に三回のイブニングケアには余程の不都合がある時を除き、毎回参加している。土曜日や祝日で作業所などがやってない時には開店の午後一時にはやってきて、所定のソファに座って煙草を吸い、水をコップに何杯も飲みながら、彼のペースでゆったりと時を過ごしている。

特別なプログラムがあるのではない。私たちが出来ることは、ただ美味しい食事を安い料金（西荻館のイブニングケアの利用料は四〇〇円）で食べてもらう、そのことだけである。しかし、そのことが鬱病で苦しんでいるMさんに、何度でも足を運ばせることになっているのだと思っている。

「久しぶりに食事の味がわかった」

七十歳になるその女性は老人性鬱病と診断され、通院していた。たまたま知った西荻館から週二回の弁当を取りはじめて数週間、私はその利用者から感想を聞くことができた。その時話してくれたのが、「この数年間、何を食べても美味しいと感じることが出来ないで、食事がいやになっていた。おたくのお弁当を食べて、久しぶりに味覚が感じられた」ということだった。そのことを保健婦に話したところ、「鬱病は味覚障害をおこすからね」と言われ、私ははっとした。何かを発見したような気がしたのだ。それは、精神病と食事の関係であり、食事の内容が立派にケアという位置づけに値することへの確信だった。

「鬱病は味覚障害をおこす」のだったら、こうも言えるのではないのか。

「食事の内容、環境を整えることで鬱病という苦しみが少しでも癒せるということにはならないのか」

Mさんは、このごろ食事の内容に色々注文を付けてくるようになった。

「秋刀魚が食べたい」「この酢の物は酸っぱい」

こんなこともある。「今日のメニューはこれこれよ」

カマド　　発行
おおきな 竈　　180-0003
tel. fax.

〜〜〜〜〜〜〜〜〜〜〜〜〜〜〜〜〜〜〜〜〜〜〜〜〜〜〜〜〜〜〜〜〜〜〜〜

21/10/1999

・・・　西荻館のための　スープ・メニュー　・・・

・沢煮碗　－－　栃木那須・黒澤牧場の黒澤豚背油でこくをだします。
ごぼう
椎茸
みつば
・茄子の南禅寺煮　－－　揚げ茄子にしっかりと味を煮含ませ、豆乳の汁の上にのせます。

・干瓢膾　－－　枝豆も彩りにくわえて、胡麻酢和えにします。

・たたみいわし、干し椎茸の素揚げ
・高野豆腐の含ませ煮　－－　かぼちゃのイチョウの葉を散らして。

・鮭はらみのグリル　－－　岩手釜石オリジナルのもの

・香物　越後高田のうりの味噌漬け

・・

・ホットむぎこがし

・新高梨の薬膳コンポート　－－　くこの実、松の実　をいれた循環器系をうるおすデザートです。

以上

今日のメニュー

2000年2月10日木曜日

様　（お弁当　　　個）
　　（　　汁　　　個）

ロールキャベツ
サツマイモとレーズンのコロッケ
ほうれん草のソテー
きんぴら牛蒡
蛸と蓮根のマリネ
苺のチョコレートかけ

【メモ】

福祉の家「西荻館」
杉並区西荻北4-31-12、1F
☎・FAX 03-3397-3154
代表：高橋道子

切り取り線

【ご意見・ご感想】

2000年2月10日木曜日

と言うと、「それは嫌だな。美味しくないんだ」などと一旦は言うMさんが、実際食べてみたあと、「思ったより、美味しかった」と感想を言ってくれるのだ。

味覚を通して、イブニングケアがMさんの心と体にささやかな変化をもたらしている、そう考えてもよいのではないだろうか。

(6) 介護の体験から

イブニングケアの食事を作ってくれるのは近所に住んでいる主婦たちである。土曜日の食事を担当している知恵子さんは六十三歳。四年前定年退職して、時間を余している時、西荻館のリサイクルコーナーを覗きにきた。知恵子さんの信念は、「手をかけて、お金をかけず」だ。魚屋だった夫の透さんの協力も得て、魚を一本買いし、上手におろして食べさせてくれる。最近のメニューでは生鮭を一本買って、切り身にし照り焼きに。塩をしたそのアラで三平汁を作ったのが大評判だった。知恵子さんの金平ゴボウや昆布の煮物は絶品でみんなが大好物だが、その裏には、手間と時間とそして愛情を込めた知恵子さんのやさしさがある。

精神障害者という人たちについて、知恵子さんは全く知らなかったに違いない。子どもがいない知恵子さんは子育ての経験もない。一般的に福祉について考えたこともなく、ボランティアなどしたこともない。人はみな「一円でも多く給料が欲しいために働いている」と考えていたし、初めてゆっくりと話した時などは、「あなたがやってるホームヘルプは随分お金になるんでしょうね」と聞いてきたのでびっくりした。

「どうして」とたずねる私に、「だって、夜も昼も体の動かない人の世話をするなんて、よっぽどお金がもらえなくちゃやるはずないよ」と答えた。今思うと、知恵子さんの感覚は正しい。知恵子さんこそ、働く民衆の当たり前の感性をもっている女性だった。私はそれからも多くのことを彼女から学び、本当にたくさんの援助を彼女から得ていくのである。

知恵子さんが西荻館で食事を作るようになって四年になり、その間に彼女の人生は大きく変わった。二年前の正月には突然、夫の透さんが心筋梗塞で倒れ、バイパスの大手術をするという事態に直面することになる。命に直接係わる心臓にメスを入れるということで内部障害者になった夫を知恵子さんは覚悟して介護しなければならなくなった。度重なる入院で経済的な負担も容赦なく、その上、夫の失業という窮地にも見舞われた。

さらに、昨年は夫の母親が脳梗塞で倒れた。徘徊や不眠が日常化して知恵子さんを悩ます母親を、知恵子さん夫婦は自宅で介護し続けた。それらを振り返り、知恵子さんは言う。

「西荻館があったから、乗り越えてこれた。夫が障害者になることや母が痴呆になることなど、独りきりでは見据えられることではない」

知恵子さんの作るイブニングケアの食事には感慨深い味わいがある。

内部障害

内部障害とは、心臓、腎臓、呼吸器、膀胱、腸など内臓の機能障害で、医療的なケアの必要とともに、毎日の生活レベルにおいても手厚い援助が求められる対象であるが、介護福祉の分野では必ずしも、その「障害」が対象化されていないのが現実である。その障害が「見えない障害」であることも加え、「内部障害者」は孤立し、援助を受けるについても非常に困難な状況にあるといえる。

福祉の家「西荻館」は「精神障害者」への介護福祉とともに、この「内部障害」の問題を課題にしている。心臓病や癌などの疾病によって「内部障害」にいたるケースは、実際には増えている。しかし、ほとんどが「障害」として対象化されずに、行政的な福祉の申請に結びつく例は少ない。「内部障害」もその重度によって級(一級から六級)が定められているが、今回の介護保険の要介護認定では、この「見えない障害」は全くと言ってよいほど考慮されず、私の知るケースでは、「内部障害一級」の「障害者」に対する要介護認定が「要介護1」と判定された。

＊

(7) 摂食障害を抱えて

三年前、私たちがイブニングケアを始めたばかりの十月のある日、西荻館をふらっと訪れた男性がいた。

リサイクルの食器コーナーで何かを探しているようだった。

「どんな物をお求めですか」。その問いにその男性が答えた。

「グラタン皿です」

何だか、足が少し不自由そうだった、その人はあいにくグラタン皿がなかったので、ほかに色々物色していたが、その中から食器を二、三個購入して、店を出て行った。

あの時は、店に私のほかに、精神障害者の礼子さんとボランティアの素子さんがいたと記憶しているが、彼が出ていったあと、三人で顔を見合せ、「あの人をイブニングケアに誘ってみましょうか」ということで合意した。なんだか、直感的にそう思ったのだった。

もじもじして私たちの誘いを聞いていた彼はその日の夕方イブニングケアにやってきた。手にはビールがあった。

こうして、Jさんはそれから毎回のイブニングケアに必ず参加するようになった。最初のころ、Jさんはいつも酔っぱらっているようだった。イブニングケアの時はいつもビールを持参してきた。アルコールについては、高齢者などが食事する時、ビール一缶くらいは通常だったので、禁止する理由はなかった。しかし、Jさんの酔いの具合が普通ではなく、いわゆる依存症とも呼べるものだということが、私たちにも少しずつ感じられるようになってきてからは、Jさんと話し合い西荻館では「ビール一缶だけ」ということに決めた。その約束は、Jさんと私の緊張感と努力の連続で、ずっと守られている。

精神障害者に対する日常生活支援を始めて、私は沢山の人たちと係わるようになったが、その間、Jさんほど変化を見せてくれた人はいない。そして、最初のころはスタッフの中からも「どうしようもない人、西荻館への出入りを禁じた方がいいのでは」という意見が出たこともあったほどだった。それは彼自身が表現したところの「愉快犯」的な行動、アルコール依存、金銭感覚など、はっきり言って、迷惑とも言えるような事態もあったからだった。

Jさんは精神障害と身体障害を合わせ持っていた。きっかけは「何も食べられなくなった」ことだったと、

Jさんは話してくれた。

「何も食べられない。食べようとすると吐いてしまう。医者に行っても分からない。何度も検査した。検査してもどこも悪いところがない。それで、直接胃の中を調べてみようということになり、胃の切開手術をすることになった」

この時の胃の切開手術が、それからの彼の運命を変えてしまった。手術の際の麻酔の後遺症が残ったのだ。手術後三十五年を超えた今でもJさんの手足にはしびれがある。Jさんは胃の手術と共に身体障害者になった。胃を切開して、吐き気の原因が解明されたのだろうか。解明されるはずがなかった。今では拒食症や過食症について随分研究もすすみ、文献も出ている。だからといって、その原因が解明されているということではない。

Jさんは、イブニングケアに参加し始めた時、その食べっぷりは凄かった。食事の内容についての関心や要望も強く、言うなれば「食通」だった。Jさんは食材や料理について実に良く知っていて、この頃は、会食の仲間の間でそれを話題にし、私たちを楽しませてくれる。全国の名産や郷土料理にも詳しい。「食べることが本当に好きなのだ」と思われるようだった。

しかし、実際はそんな単純なことでもないようだ。イブニングケアで食べた後、Jさんはトイレに駆け込み、今食べたものを吐いていた。摂食障害はやはり治ってはいないようだった。

私たちは精神病についての専門家ではない。だから、治療内容や薬についてはアドバイス出来ない立場にある。

私たちの役割は、Jさんのような様々な困難を身体にも、精神にも抱えた人を迎え入れるということであり、その具体的な内容が夕食ということなのである。そういう意味では「街の中にある、普通の食堂」が理想なのだ。Jさんもきっとそういうお店を求めていたはずである。

(8) 打ち明けたこと

ここのところ落ちついていたJさんの様子がなんだかおかしい。何か苛立っており、以前のように人を意図的に困らせるような行動をするようになった。

何か理由があるのかと気づかっている時、私はJさんの母親の死を知った。その母親が心臓病を患い、Jさんが介護に当たっていたことを私は知っていた。介護について話す時のJさんには責任感のようなものを感じて、どれほど母親の存在が大きいかが伝わってきた。

一度電話で直接その母親と話したことがあり、丁寧な応対で、「息子のことをよろしく頼む」と言われたのを思い出した。

Jさんは、私をはじめ西荻館のスタッフには母親の死について何も語らなかった。「母が入院して」ということだけ、私たちは聞いていた。そのJさんが母親の死を打ち明けたのは、イブニングケアにやってくる高年の女性に対してだった。イブニングケアには西荻館を必要とする人たちが自ずと集まってくる。同じ病気を抱えたひと、家族に病人や障害者がいる介護家族、そして地域の人たち。Jさんの苦しみに耳を傾けたのは、最近妹さんを癌で亡くしたばかりの六十代の女性だった。最期まで痛みに苦しむ妹の介護にあたり看取りを済ませ喪中であった女性に対してJさんは心を開いたのだった。

かつては自らの身体の痛みをアルコールに溺れることで逃れようとしたこともあった。アルコールへの依存はいくたびか精神病院への入院というところまでいった。

でも今、おそらくこれまでの人生の中で最も辛い時、Jさんには側にいてくれる人たちがいる。何も語らなくとも、一緒に食事をし、帰り道、肩を並べて歩き、痺れているその足のペースに合わせてゆっくりと話を聞きながら歩いてくれる人がいる。

西荻館の五年の歴史が、そんな人たちを呼び込んできていた。Jさんが西荻館の扉をくぐって三年。母親の死という悲しみに、辛うじて間に合っていたのかもしれなかった。

イブニングケアにとってなくてはならない人たちが食事を作る人たちだった。そして、今、精神障害を抱えた人たちを優しく包み込み、ゆっくりと耳を傾ける人たちもまた、西荻館にとって、なくてはならない人たちとなっている。必要とする人と必要とされる人。沢山の出会いを西荻館がつくり出している。

⑼突然の発作

それは、本当に突然のことだった。毎回のイブニングケアでは大体の参加者が食事を済ませ、午後七時位にはそれぞれの帰路につく。Fさんはみんなが帰ったあとも、西荻館に居残ってくつろいでいることが多かった。その日も同じようなパターンで、七時過ぎに残っていたのは、Fさんと、もう一人障害者のYさん、そして息子さんが病気がちの光子さん、そして私の四人だった。私が厨房で食事の後片付けをしていると、光子さんが私の所にとんできて、「Fさんが大変。すぐに来て」と叫ぶように言った。

私が見たFさんは、全身を強く痙攣させ、すでに意識もないようだった。光子さんもYさんもおろおろしている。そして、私にとって、そのような「癲癇《てんかん》の発作」に遭遇するのは、全く初めてのことだったのである。今考えても不思議なことであるが、その時、私はとても冷静だった。私はFさんの後ろに回り、Fさんの両腕をしっかり摑み、Fさんに向かって強く呼びかけた。

「大丈夫。大丈夫よ。私がついているから」

その発作は、二十分程も続いた。そして、小康状態になり、瞬時の危険は避けられたと、私は判断した。

次に私が行ったことは、Fさんの家族への連絡だった。連絡先をチェックしていて、本当に助かった。電話口に出たFさんの姉は、事態をすぐに理解し、的確な指示をしてくれた。

「発作はおさまるから、ゆっくり横に寝かしてください。口に割り箸のようなものをくわえさせてください」

しかし、Fさんの唇は頑に閉じていて、私が箸を押し込もうとしてもなかなか開かない。痙攣も続いている。そうしているうちに、Fさんが目を開いた。

「僕、どうしたの」

「覚えてないの」

Yさんと光子さん、二人の話によると、Fさんはゆっくり食事をしていて、終始話していたようだった。コーヒーを飲もうとして、急にあのような事態になったという。Fさんは自分が発作を起こしたことを全く覚えていないようだった。

しばらくすると、Fさんのお姉さんがやってきた。

「申し訳ありません。ご迷惑をおかけしました」

そして、Fさんに対して、まるで、幼い子どもに接するようにして、Fさんに付き添って出ていった。出ていく前にお姉さんが私たちに言った。

「これは、まさに大発作です。何年に一度あるかどうかという程度。でも、なんて有り難い。今までだったら、もし、ほかの普通のお店なんかなら、迷惑がって、ただ外に放り出されるのがせいぜい。この子はいつもそうやって、苛《いじ》められてきました。本当にありがとう」

私は驚いてはいなかった。癲癇の大発作という、言うなれば精神病界でも尋常ではないハプニング。「それでも、こんなものか。大したことないじゃない」。本当にそう感じていたのだ。そして、とっさに、Fさんを抱き抱え、Fさんの脳髄を襲った嵐が去っていくのを、一緒に待つことが出来たことに、確かな自信を感じていた。いったい、どこで、こんな度胸を身につけたのだろう。

Fさんは次の日も平然とした趣で西荻館にやってきた。私はいつも通りの、「決して優しくない」高橋道子としてFさんに接した。

癲癇の発作は、その後一度もないようで、Fさんはとても落ちついてきたように見える。そして、この癲癇の発作は、西荻館に訪れ、そして乗り越えた貴重な出来事として記録されることとなった。発作を起こしたFさんへの対応、周りにいた利用者への配慮や指示、そして家族への連絡、発作から目覚めたFさんに対する態度など、私自身が、決して頭ではなく、体で的確に対処できたという事実の中には、西荻館の歩いてきたしっかりとした足跡があると思っている。

癲癇《てんかん》の発作時の対応

〈癲癇発作が起こった場合の対応〉

①発作開始時に意識がはっきりしていて、けいれんのない発作——本人が自覚できるので、発作が強くならなければ特別な対処は必要ない

②発作開始時に意識がボーっとして、身体を硬直させ発作——危険な場所でなければ行動を制限せずに、声をかけて反応を確かめる。しばらく様子をみて苦痛がなければ特別な対処は必要ない

③急になくなる発作――脱力して倒れそうになることもあるが、危険な場所でなければ外傷に結びつくことはあまりない。頻発しなければ特別な処置は必要ない

④急に意識がなくなり、けいれんする発作

1、床に寝かせて周囲に危険なものがあれば遠ざける

2、気道確保のため、あごを上げて顔を横向きにし衣服をゆるめる

3、発作が治まっても意識が完全に戻るまで静かに寝かせておく。この時、「舌をかまないように」と無理に口の中に物を入れたり、周囲で騒いだりしてはいけない

〈対応における心構え〉

・決して慌てず、落ちついて本人の様子を観察し、家族に報告する

・発作が長引く（十分以上）場合は、病院に

（国立職業リハビリテーションセンター「てんかんにかかっている者の指導・訓練Q&A」より）

この指導書によると、私が初めて遭遇した癲癇発作は、とても重大とも言える規模のものだったことになる。それでも、原則的に対応できた。何もおそれることはない、ということである。

＊

⑽地元商店からの応援

新しい年が明け、西荻館の活動も始まった。移転した新店舗には今後重要な協力関係になっていくだろう人たちからの応援が続いた。それは、地元の商店街の人たちである。

「精神障害者共同作業所」の開設にむけての助成金申請のために杉並区議会に請願書を提出している内容を商店会の会長さんに話したところ、役員の人たちの署名も合わせて集めてくれたことは、本当に嬉しかった。これは移転する前の場所の近辺の商店主の人たちだった。五年前（一九九五年）、私があの場所にお店を構えた時、たぶん周りの商店主たちは、「いったい、何者」という印象だったに違いない。バザーのちらしを配りに行ったところ、「選挙は、いいよ」などと言われたのを覚えている。

最初のころ、近くのある商店の人が西荻館にやって

きて、「あの人（ある障害者を示して）はお宅の関係ですか。なんだか、変なので警察をよぼうかと思ったんですが」といきなり言ってきたので、びっくりしたことがある。

確かにそんなこともあったが、私たちが地域の商店街の人たちに温かく受け入れられるのには、そんなに長い時間を要しなかった。

お弁当やイブニングケアの材料をなるべく地元商店から買うようにしたこと、米屋や八百屋には、「障害者」利用者と一緒に出掛けたりしたこと、「障害者」たちにも買い物を頼んだりしたこともよかったかもしれない。

西荻館もお店という形態であり、毎日沢山の人たちが出入りして、いうなれば、地元商店街の中でも賑わっていたことが、きっと好印象につながったのだろう。「精神障害者」に対する地域の人たちの認識も少しずつ変化してくるのが分かった。

地域の老人たちは心強い味方だった。西荻館には様々な世代の、様々な仕事をもった、そして様々な人生を生きてきた人たちが集まってきた。

マスコミが西荻館を取り上げてくれたことも大きな味方になった。テレビや新聞で取り上げられ続ける私たちの活動は自然に話題になり、評価されていくことになった。

そして、その商店主の中から、実際に西荻館に参加し、内側からも支えてくれる人たちが現れたのだ。

杉並区西荻窪の商店街は、個人商店の力が強く、商店街のパワーで大規模商店の出店を牽制してきた。地域の消費者もスーパーで買い物するより、買い物籠を下げながら、小売り店を回って買い物するというスタイルを好み、地域に根ざした小売り店が多く残っているのも特徴だと思う。豆腐屋さんがいっぱいあることも、西荻窪では普通だが、地域を移せば、珍しい光景と言えるだろう。

ホームヘルパーで老人宅を訪問すると、

「肉は○○」「魚は○○」

「和菓子は○○」

とか、お得意の店が細々《こまごま》と決まっている家も多い。色々なお店を指定されて、買い物を頼まれるのもホームヘルパーとしては楽しい仕事である。

活動の積み重ねの中で、西荻館も結構有名になってきた。私がホームヘルパーの仕事をやっているということを知って、買い物先で介護の話になることも多くなってきた。

「ホームヘルパーをもっとみんなに見える仕事に」と、地域に入り込んで十年。

「介護福祉事務所を店舗として開設しよう」と、地域に飛び出して五年。私の目標は、地域商店からの応援も得て着実に形を整えてきていた。

魚屋さんは、私たちのメニューに合わせて、魚をさばいてくれた。

「今日は何？」

「鯵の南蛮漬。三枚におろして一口大に、お願いします」

「はいよ」

という風に。

肉屋さんも新鮮で上質な肉を冷蔵庫から出してスライスしてくれた。

リサイクルショップは、もう回転しないと見込んだ品物や委託人が引き取らなかったものを持ってきてくれるようになり、私たちのバザーに貢献してくれた。

西荻窪はリサイクルショップや骨董品屋が多く、『西荻窪アンティークマップ』には六十軒以上ものお店が紹介され、時々テレビでも取り上げられる。西荻のアンティークを求めて、休日にもなれば遠くからも沢山の人がやってくるので有名な街でもある。リサイクルショップからの提供品は本当にありがたく、協力してくれるお店は二桁に及ぶ。

西荻館が取り組んでいる高齢者や「障害者」の生活に係わる介護福祉の問題が、非常に普遍的で、地元の人たち全てに係わっている問題だということが、西荻館への関心となって協力の輪を広げているのだと、私は信じている。

「実際、精神障害者の問題も他人事ではないんです」

今回、西荻館の移転について大きな力を惜しまなかったエスニックショップを経営するPさんが、話してくれた。Pさんは、二年ほど前に夫婦で相談にみえた。話を聞くと、「お店で働いていた女性が神経症になり、入院して、大分良くなったので退院させたい。福祉事務所と掛け合って、彼女が退院してすぐに生活保護を受けられるよう手続きした。住居は自分の関係のアパートを手配した」ということで、私に女性の退院後の相談相手になってくれないか、ということだった。

その時の私は、

「自分のところで働いている人のために、そこまでする雇い主がいるのか」

ととても感激した。その後、その女性はイブニングケアにも参加し、何度か話を聞くこともあったが、今は、病状もとても良くなり、元気に暮らしているということである。

私は今回、共同作業所を開設するための理解者、協力者を募ろうと、Pさんの店に相談に行った。私には、先の女性の救済を具体的にやり遂げたPさんに対し、絶大な信頼があったのだ。

Pさんはこの時も、とても真剣に私の話を聞いてくれた。特に、作業所を開設する拠点店舗の確保については色々不動産屋とも掛け合い、物件探しを手伝ってくれた。

Pさんは、行政との交渉にも一緒に行ってくれた。そして、新しい段階を迎えた西荻館の取り組みに、商店主としての立場からの様々なアドバイスと支援をしてくれることになった。

西荻館を支えてくれているのは、現役の商店主だけではない。かつて地域でお店を経営していた高齢者たち、息子娘にお店を任せて「ご隠居」になった高齢者たちも重要だ。

印刷屋を廃業した植田さんにとっては、西荻館は、自分の店そのものである。商店会の中でも「お母さん」的存在の安藤さんは、雑貨店を昨年閉じて、「気軽な身になった」と話しているが、西荻館の書道教室や料理教室にも参加してくれている。

このような先輩たちは、本当に心強い限りなのだ。

「精神障害者共同作業所」などというと、何か地域からかけ離れ、ひっそりと目立たなく周りの人たちからもよく分からないものとして存在していることが多い。しかし、私が五年間の歴史の中で実感することは、地域の人たちは、みんな理解してくれるんだということである。みな、同じ問題を抱えている。「精神障害」は特別な問題ではないということだ。

でも、運動を進める私たちが、ただ勝手にやっていればよいというものではない。私が感じるいくつかのポイントを紹介しよう。

〈地域の人たちにわかってもらうために〉

・拠点を構える時、挨拶まわりをしよう。事前に、民生委員や当該保健センターなどには、協力をお願いしよう

・地域の医療・福祉関係の人たちと連携しよう

・顔をあわせたら、必ず挨拶をしよう。元気で明るい声がよい

・買い物は、出来るだけ地元商店街から買おう

・バザーやイベントのお知らせ、会報をきちんと配ろう

・商店会には参加しよう。新年会や行事にも積極的に。イベントに地域からの参加を。地域の人たちが参加できるイベントを考えよう

・バザー提供品や寄付についてはきちんとお礼状を出し、収益などの報告を忘れずに

挨拶はとりわけ重要だと、私は思う。そして、自分たちの会が、何をやっているのか、いつも地域から見える状態にすることが大切ではないだろうか。今回の請願で地元商店がこぞって応援してくれたことは、本当に嬉しかった。

「応援して気持ち良い」。そんな風に思われる活動にしていきたい。

⑾美味しい料理が主役

新しく構えた店舗は三十六・八坪の広さを持ち、外には専用の駐車スペースもある。車はなんと四台も置けるようになっている。引っ越しや壁のペンキ塗りなども出来る限り自分たちの力でやりきった新しい拠点は、参加者たちの思い入れもまた感慨深い。改装を済まし、昨年（一九九九年）の十一月半ばから開始した新店舗での活動は、十二月二日に「オープニングの会」を開いて、本格的に動き出した。オープニングの会には四十七名の人たちが地域から駆けつけてくれた。請願に協力してくれた地元の区議会議員や地域保健センターの保健婦も参加してくれて、西荻館が、地域の中の重要な社会資源であることを物語っていた。「精神障害者」共同作業所・ラルゴの職員が来てくれたのもう

れしかった。

ホームヘルパーの仲間は主体的に参加し、出席の高齢者の介護に当たってくれた。日頃のお弁当サービスの利用者たちも来てくれた。五年前、前のお店のオープニングを当日の朝日新聞で知り、飛んできたキタさんは今年九十歳になる。広くなった新店舗を眺め嬉しさの涙を流してくれた。

十一月、「福祉のつどい」という企画に私を呼んでくれた鹿児島県笠沙町の社会福祉協議会からは、お祝いのブリが届けられ、盛り上がりに花を添えてくれた。「障害者」の仲間たちも生き生きしていた。しかし、なんといっても主役は料理たちだと、私は思っている。前日からほとんど徹夜で準備された手料理はどれもこれも素晴らしく、そしておいしかった。

- 骨つきチキンのハーブ焼き
- ローストポーク
- お赤飯
- 煮物
- ハーブサラダ

パンも、二種類のシフォンケーキも手作りでプロなみの腕前だった

「おおきな竈」からは、本格的なボルシチが用意された。

こんな素晴らしい料理を心をこめて作ってくれる女性たちが自己紹介された。福祉の家「西荻館」をここまで作り上げ、これからもになっていくパワー溢れる女性たち。それが、何よりもの財産と、私は思っている。

エスニックカレーで料理教室

広くなった厨房は、おのずと夢を生み出してくれる。食堂スペースもゆったりとなり、大勢の人たちが来てくれても大丈夫。もし、気分が悪くなったら休憩できる個室もある。料理作りやお弁当の盛りつけ、そして食器洗いや片付けもスムーズになった。

「ここで、料理教室も出来るね」。しかも、料理を教えられるほどのスタッフが揃っている。

新店舗第一回目の料理教室は、エスニックショップを経営しているPさんからのヒントを得て、カレーを作ることにした。手ほどきは、Pさんのパートナー。当日は、何種類ものスパイスが並び、その説明を受けな

がら和気あいあいと進んでいった。作ったのは次のようなものである。

- じゃがいものアチャール
- ヨーグルトサラダ
- ネパールカレー
- タイカレー

「とても辛いから食べられない人も」というPさんの心配をよそに、カレーは大好評。いつもは何かと評価のうるさいMさんも、お代わりをして食べてくれた。何時間も前から色々なスパイスの香りに包まれ、待ちわびてお腹を空かせたことは美味しさを倍にしたようだ。

Jさんはスパイスのパッキングにも参加した。自分たちの手も加わり、協同で作ったカレーはまた格別だったことだろう。

この日（一月二十日）は、東京新聞の記者の人たちが三人参加した。二月に掲載される特集記事の取材のためだった。「感性の坩堝《るつぼ》」と私が表現する、西荻館の熱気が彼らにも伝わったようだ。きっとステキな記事になるだろう。（※二〇〇〇年二月九日付朝刊に「介護のみのり」と題して大きく掲載された）

⑿一人の必要から

「僕のような老人がいつでも気軽に顔を出せて、口に合うものを作ってくれる。笑顔で迎えてくれて安心して食事が出来る。そんな食堂があったらいいなあ」。福祉の家「西荻館」は、一人の老人のささやかな希望から始まった。家庭というものに一度も恵まれなかったKさんは、住み慣れた地域の中に、心安らぐ「ホーム」を作りたかったのかもしれない。

お汁粉が好物で、老人ホームの自室（Kさんは、杉並区にある軽費老人ホームに入居していた）の電磁コンロで小豆を煮て、お汁粉を私に食べさせてくれたこともあった。

「お汁粉屋なんかいいなあ。そしたら僕は前掛けをしてお客にお茶を出すよ」

私の介護福祉士としての活躍に自分たち高齢者の未来がかかっていると感じていたKさんは、介護福祉事務所を「地域に開かれたお店」として開設することを提案した。しかも、そのお店は食堂という形態だった。

初めから「お店」という形態にこだわったKさんは神田の商店に生まれ育った。子どものころから店という環境の中にいたKさんは店のもつ力について十分知っていたのだろう。

店は、地域の中に開かれた扉を持ち、誰でも入って来ていい。人を受け入れ、出会いを重ね、そして、人を試し、鍛えてもくれる。福祉の家「西荻館」が店を開けて五年。Kさんの希望は、大きく膨らみ沢山の人たちの希望となった。

介護福祉を縦糸に、そして食事のケアを横糸にして織りなしてきた福祉の家「西荻館」は、やっと一枚の布の形になろうとしている。

あの日、Kさんという一人の老人の必要は多くの独り暮らしの老人の必要だった。

「いつ訪ねて行っても、笑顔で迎えてくれる食堂」

「安心して食事が出来るところ」

西荻館のイブニングケアはそんなささやかな必要を実現しようとしたKさんの勇気が育んだものだ。そしてこれからも、私たちは糸を紡ぎ、布を織りなして、その布に必要と夢を描き続けるだろう。

2、削られていく「障害者」福祉

介護保険は、四月からの制度開始とともに、多くの矛盾が噴き出してくることが予想されている。要介護認定の問題、介護報酬の問題、基盤整備、マンパワーの問題などまさにあらゆる分野でである。

その中でも、私が強調したいのは、介護保険論議の中で、ともすればその陰に隠されながら実は激しく進められている「障害者」介護福祉における大幅な後退という事実である。私は福祉の家「西荻館」という地域活動の実践の中で、「精神障害者」の仲間たちと共に、この現実にじかにぶつかることになった。

⑴福祉切り捨て

息付く暇もない、ギリギリの攻防がもう何年も続いていた。いつも何かを追いかけているような。もしかしたら、私はいつも列車に乗り遅れ続けているのかもしれない。それを「ああ、やっとまた間に合った」と思い込んでいるだけなのかもしれない。

「いいんだよ。列車はすぐにまたくる」

本当にそうだろうか。この列車でよいのだろうか。間違っているのではないのか。それなら、私の夢に駆り立てられ一緒に列車に乗り込んでくれた人たちに、私はどんな責任をとったらよいのだろう。走り出したこの列車。どこに行くのか。

あの時、ただ一歩前に踏み出しただけだったはずなのに。何かに加速され、もう止めることが出来ない。

福祉の家「西荻館」は二〇〇〇年度からの「精神障害者共同作業所」の開設に向けての資金の助成を申請した。イブニングケアの参加者は十五名を超え、「精神障害者」の実利用者も二十名を超えている。彼らに対し、責任を持った支援を続けるには現在の東京都・地域福祉財団からの助成金（九九年度は年間で四百八十九万円）ではもうやりきれないところにきていた。また、利用者の規模に比べ拠点店舗も狭くなり、「くつろぎの場」を確保することがだんだん難しくなっていた。利用者間のトラブルなどもあり、個別援助や対応が必要な場面も多くなっていた。三年前、都・財団からのヒントで始めたイブニングケアを中心とした「精神障害者」への日常生活支援がどれほど渇望され、それがまた新しい必要を作りだしているかということを、私たちは突き当たった壁によって知らされているということでもあった。

しかし、当該地区行政（杉並区保健衛生部）や東京都（衛生局）担当者に面談しても、返ってくる言葉は「財政が厳しい。厳しい」の一点だった。

「福祉は国に余裕があるからやるのか」「そうなのだ」答えは厳然としていた。

(2) 生きるため、やむを得ずの方法

福祉の家「西荻館」は三年前、東京都・地域福祉財団に助成金の申請をした。最初、「毎日食事サービス」に対する助成金の申請をめざし、「利用者三十名以上。週五日以上の配食」という基準のクリアに向け、未だスタッフの体制としては不十分であったにもかかわらず、無理に無理を重ねて財団の担当者との話し合いを進めていた。ところが、私たちが申請した一九九七年度分から「毎日食事サービスに対して、新規の事業への助成はしない」ということになり、西荻館も窮地に

立たされた。

結局、一九九七年度は、財団の「その他のサービス事業」への適用ということで、年額五百十五万円の助成金が認められた。「その他のサービス」、ここでは、西荻館の食事利用者の中に「精神障害者」が何人かいたという事実を都が評価し、「イブニングケア」という事業が対象化されたのである。この時の財団担当者とのやり取り、とりわけ副参事を先頭に三名が視察・調査として西荻館を訪問した日のことは、今でも忘れることができない　申請書の書き方も何も分からなかった私は、最後の最後まで、「もう駄目だ。また一年自力でやるしかないのか」「でも、障害者の人たちがどんどん来るようになり、利用料さえまともにもらうことは出来ない」「かといって、私も生活がかかってるので、無償では出来ない」——。

それは、緊張したぎりぎりの攻防だった。

「このままでは助成金交付は不可能ということですね。申請書を書き直せということですね」

「それが出来ればのことですが」——副参事がそう言った。それからの一週間、申請書を書き直し、財団の事務所を訪れ、審査が通った時、その電話を受けて、私は決定を待った。

そして、審査が通った時、その電話を受けて、私が感じたことは、「ああ、これで生き延びれた」「少しは、私たちの活動が認められた」「これで、イブニングケアに安くて美味しい食事を提供できる」。

私だけじゃない。スタッフみな同じ思いだったに違いない。

こんなことをあえて書こうとしているのには理由がある。それは、私たちは、実際に目の前に困っている人がいるのに目をつぶることができないということなのであり、この感性が福祉というものの原点ではないのか、こんな当たり前のことをあえて言わなければならないところに、現代社会の病み、腐敗とでも言おうか、が深刻さを増しているということである。

西荻館を始めて、最初に迎えた危機は、店舗を提供してくれたKさんの突然の死ということだった。Kさんは、西荻館を「自分のような老人がいつでも気軽に食事をしに来れる温かい食堂にしたい」と改造して保健所の許可をとった。Kさんが次に考えていたことは、介護福祉士としての私の自立であり、さらに、所有する建物全てを地域介護福祉の総合ステーションに作り変えることだった。そしてそのための蓄えをしていたのだった。Kさんの死と共に、大きな夢の実現は遠ざかった。

しかし、Kさんの死後、西荻館と私に襲いかかったのは、全く予想もしない出来事だったのである。

それは、当時食事作りなどを手伝ってくれていた人たちから私への「非難」の合唱だった。「自分たちは、ボランティアでやっているのに、あなただけ報酬をとっている（当時私はひと月五万円の専従費をもらっていた）。あなたもボランティアでやりなさい」――。

「私には生活がかかっています」という私に対して、さらに言われたことを私は一生忘れることはないだろう。

「生活がかかっているのなら、外で働きなさい。ここに来なくてよいから」

この言葉に、私は一人の労働者としての尊厳と、自らの拠点の防衛をかけて、それらボランティアを主張する人たちの協力を拒絶した。

(3) 石原都知事の福祉＝ボランティア論

東京都は石原慎太郎が都知事に座ってから、凄まじい反動の嵐が吹き荒れている。そのやり方は、福祉の分野で言えば、「美濃部都知事時代に実現したあらゆる福祉をことごとくゼロにしていく」というような激しいものだ。

東京都知事、石原慎太郎は、昨年九月十七日に府中市の重度「心身障害者」施設を視察し、記者会見した。そこで語られた言葉は、あまりにも意図的であり、首都東京という行政のトップとして挑戦性に満ちていた。なぜなら、石原慎太郎は、言葉使いの分野ではプロフェッショナルなのだから。

「ああいう人ってのは人格あるのかね」

「つまり、意思もってないんだからね」（断定している）

「自分が誰か分からない、生まれてきたか生きたかも分からない」

「可逆性が全くない人たち」

「永久に採算合わないだろうし」

「ああいう無残な姿になった」

これらは石原都知事が「障害者」に対して言った言葉である。発言が新聞などで問題になるや、答弁で「あたかも私が、障害を持つ方々の人格を傷つけたと…」などと言っていたが、そもそも、「人格」を認めていないではないか。

この発言に、イブニングケアに参加する「精神障害者」も、知り合いの「障害者」も非常な危機感を感じた。みな自分たち「障害者」福祉の行く末に大きな不安を隠せなかった。発言が意図したことは、それだけではなかった。西荻館の保健講座で、この発言を取り上げ記者会見の要旨を私が読み上げはじめたそのフレーズに、同席していた「障害者」の男性が怒りの声を上げたのだ。

記者会見の要旨として朝日新聞が報じた記事の最初のフレーズはこうなっている。

「あの病院見てね、いろんなこと考えたね。絶対戻らない、ほっといちゃ骨折だらけで死んじゃう。それをあれだけかいがいしくお医者さんも看護婦さんもボランティアしてやってるわけだろ。ああいう人ってのは人格あるのかね」

身体と精神両方に障害を持つ彼は、このボランティアという箇所に強く反応し、叫んだのだ。

「ボランティアじゃないだろう！」

この指摘は私の方が気づかなかったものだった。

この発言全体を、そしてこの間の東京都における福祉切り捨てとも呼べる動向を考えると、このボランティアという言葉こそ、石原の信条の本質ともとれるのではないか。

「都立府中療育センター」の医師や看護婦が職員であり（都の職員である）、仕事で働いている労働者であることは明々白々だ。それを重々知っている行政のトップが、職員の労働をあえて、「ボランティア」と言っているのはどういうことか。

「可逆性の全くない障害者の療育は都職員の仕事としてやることはない。やりたい人間がボランティアでやればよいのだ」とでも言いたいのかもしれない。これこそが、福祉切り捨ての思想なのだ、と私は言いたい。とんでもないことだ。

「障害者の医療・看護・介護は採算合わないから、仕事でやることはない。給料を払うこともない」。このような思想が「安楽死」につながるのだ。

この発言にかいま見られた思想は、半端ではなかったようだ。東京都衛生局は、来年度予算に、都内から新規開設の要望が出ている精神障害者共同作業所への助成金交付についてたったの一円の予算も見積もらなかった。西荻館のように、「障害者」自身の心からの必要と、地域からの協力、五年間の活動の血のにじむような結晶を、「ゼロ」という一文字で踏みにじったのだ。

(4) やはり、乗り遅れた汽車なのか

「去年だったらよかったのに」

「最も大変な時の要望書で、最悪の結果になった」

「一、二年前に持ってくれれば」

都・衛生局が共同作業所の新規開設の予算を付けなかったということを直接確かめるため、衛生局に問い合わせると、電話で対応したのが副参事という役職のひとだった。

「大変申し訳ありませんが」「限りなく不可能に近い」などという返答で、私は絶望を突きつけられることになった。一週間前、直接局を訪れ、課長と担当の女性を紹介され、西荻館と、作業所開設への経緯などを丁寧に聞いてもらえたので、私は、可能性が出てきたと思っていた。杉並区議会に提出した請願書は福祉保健委員会に付託され、議員団が直々西荻館を視察に来る日程も決まっていた。

大きな店舗(三十六・八坪)に移り、障害者の共同作業所として申し分ない拠点の準備に私たちは奔走していた。区行政との話し合いは、和やかなものであり、拠点の確保はむしろ区の担当者のほうから促されたものだっただけに、この間はとにかく店舗を見つけ、食事サービスが出来るように改装することに全力をあげてきたのだった。保証金三百万円、その他賃貸借にかかる経費三百五十万円、計六百五十万円を、私は短期借用や寄付で集めた。西荻館のスタッフの女性たちも十万、二十万と出し合った。定年まで働いた退職金の蓄えから百万円を貸してくれた人もいる。今さら、行政サイドからの助成金が絶望だなどと言われ、「はい、そうですか」と引き下がれるようなものではない。一方で、突きつけられた困難を冷厳に見据えながらも、区

行政との交渉という残された可能性を最大限追求するしかない。今回の作業所開設へのプログラムは区行政の指導のもとに行われてきたことは間違いないのだ。もし、最初から「来年度の立ち上げへの助成は難しい」と言われていたら私たちの出発点から違っていたことになる。

「杉並区が認めないことはない」

「決定権は区にあります」

そのような話し合いの経緯の中で西荻館の移転が実行されてきたのであり、行政指導の責任はとってもらわなければならない。

(5) エンパワーメント

福祉の家「西荻館」の移転後、お弁当配達の活動開始を十一月十六日に控えた十一月十五日、私たちは明日からの事業再開のための厨房設備の整備に懸命だった。そして、その日の夕方、作業所「けやき亭」の丸山さんからの電話が入った。その内容は、

「都が、来年度予算で、新規の作業所に予算を一つもつけなかった」

というものだった。私は、全く予想していなかったことではなかったとはいえ、言わば最悪のケースを予想する情報に呆然となった。そこには一緒に開店準備をしていた主婦の仲間が三人いた。電話が長電話だったこともあり、私は内容についてすぐ報告した。よく考えれば大変な事態だったのだ。都・区からの助成金がつくことを前提にして、引っ越したと言ってもよかったからである。その開店の前日に、助成金は見込まれないという情報が入ったのだった。

すでに六時を回り、主婦の人たちは自分の家のご飯作りに帰っていく時間だった。勝手口から最後に出ようとしていたみどりさんが、困惑している私に向かって言ったことを、私は忘れない。彼女はこう言った。

「一人で考えちゃだめだよ。今日は考えちゃだめ。みんなで考えよう。なんとか方法はある」

振り向いたその顔は、とても力強く、しなやかともいえる勇気を感じた。

新しい店舗での活動の開始は順調だった。広くなった分だけリサイクル品も集まったし、展示スペースも増えたので品物も立派に見えた。三週間休んだにもか

かわらず、お弁当をやめた利用者もなく、逆に配食数は増えた。何よりも障害者自身の利用者や食事作りのスタッフが本当に自分の店として愛情をもって係わってくれるようになり、「全員集合」的な賑わいの日々だった。新しい地域の人たちからも違和感なく受け入れられていたようだった。これは、前の西荻館からそれほど離れていなかったことで、地域のほとんどの住民が西荻館という名前を知っててくれていたことが大きい要因だった。西荻館の五年間の実績の広さと深さを改めて実感した。

中でも、スタッフとして参加している女性たちのパワーは頼もしく、誰もが生き生きと輝いていた。西荻館には恒常的に係わっているスタッフの女性が十二、三人いるが、私以外にも七名の女性は一応有償で係わってもらっている。有償とは言っても、報酬は僅かばかりだ。この七名の女性がほぼ連日の引っ越し・開店準備に参加した。改造の中心である厨房の整備についてはみどりさんと信子さんが綿密な設計図を作って業者に指示し、自分たちの仕事場を準備していった。壁のペンキは自分たちで塗った。障害者の仲間も参加して楽しい作業だった。

六十九坪もある広い敷地を有効にと、店先でガーデニングのセットも始めた。これは、熱川の有料老人ホームのガーデニングを担当している人が応援してくれた。彼女たちの生活に根ざした知恵と経済感覚はみごとなもので、私はたくさんのことを教えられた。

「私たちの地域に手作りの福祉を」という西荻館のスローガンそのものの活動の勢いだった。そして、具体的な活動、みんなで汗を流し、埃を被り、お腹をすかして働く中で、私たちは、自分たちの拠点を自力でも守っていこう、維持していこうという決意を徐々にしかし、はっきりと固めていた。心の中に不安がなかったわけではない。それ以上に新しい活動の拠点は素晴らしい可能性を持っているようだった。

「えいじんぐ」の読者を中心にして全国に発した協力要請・カンパの要請も人々の心に触れたようで、全国から激励の手紙、カンパが連日のように寄せられた。五年前、地域の商店街の中に開かれた福祉の拠点として産声をあげた福祉の家「西荻館」、おんなたちのエンパワーメントの始まりである。

(6)地域が動いた、議会が動いた

委員会の視察

「西荻地区に精神障害者の共同作業所を開設することに関する請願」は予想以上の反響があった。請願は、担当の福祉保健委員会に付託され、すぐに、委員会としての施設視察が決まった。

西荻館に対する視察の日程について、私たちは、保健衛生部・健康推進課の課長から連絡を受けた。そして、「委員会の視察の前に僕たちも課として見にいく必要があります」と言われた時、

「ああ、課としても請願を無視できないんだな」

という単純な感想を持った。そしてその通りだった。視察は議員団、保健衛生部長ほか十数人によって行われた。

杉並区のマイクロバスに乗り込んで二十名近い関係者が西荻館を視察に来たその日（一九九九年十二月十五日）、私たちも総勢二十一名で迎えた。この二十一名もの立ち会いは、私自身が驚くほどだった。まだ午前中の九時半に、「精神障害者」が西荻館にやって来るのは大変なことである。しかも、当日は水曜日で西荻館の活動日ではない。

私は、「私とスタッフ数名がくれば」という具合に考えていたのだった。しかし、多くの利用者が、スケジュールに優先してこの日の立ち会いを心に決めていた。

病院の通院日を変更して来てくれたMさんは、事前になんども担当医に電話で確認して訴えていた。当日は早朝から目が覚めたようで、部屋を出て歩き回っていたと言う。

「どんなことより重要」

彼は緊張していた。

鬱状態が重い状態のOさんも来てくれた。そしてなんと言っても感動的だったのが、議員たちの前で礼子さんが訴えた言葉だった。

「西荻には私たちの憩いの場がないんです。地域によってはいくつも作業所が集中しているところもありますが。西荻に作業所を作ってください」

「精神障害者」の兄を介護する長田さんも訴えた。高齢者たちも自分たちの思いを語った。

西荻地区に精神障害者共同作業所を開設することに関する請願

私たちは、福祉の家「西荻館」という地域に開かれた店舗型の介護福祉事業を、東京都・地域福祉財団の助成金を得て運営しているグループを母体に、精神障害者の日常生活支援を行っているものです。一九九五年の活動開始より四年になりますが、いつのまにか精神障害者の利用者が日常的に集い、イブニングケアやデイケア、ホームヘルプを通して、具体的な援助を行っています。活動の規模も大きくなり、又、来所する利用者も増え、地域の人達の協力も引き出してきました。この度、利用者本人達の中から、共同作業所開設の希望と意欲が形成され、それを支える幾重もの協力・参加が作られてきています。

現在、イブニングケアなどに通ってくる精神障害者の実利用者は二十名を数え、毎回の夕食時は十名前後の会食会になっています。その殆どが西荻地区の利用者であり、年齢も四十代から五十代に入り、歩いてこれる範囲の就労と社会参加の場を必要としています。その中には西荻館四年間の生活支援活動を通して、初めて「働く」意欲を持った人も多く長い間の疎外感から自らを取り戻し、前向きに生きていこうとしています。

又、協力する地域の住民は地元商店主をはじめ、食事を作る主婦、利用する高齢者も「精神障害」という障害に正しい理解を持つようになっています。(現会員は七八名)

四年間の活動で培ってきた中から、リサイクル活動と、弁当配達を軸に、障害者の就労援助を作業所という形態で保障していけると確信します。幸いにも、三六坪の床面積に駐車場を備えた店舗を確保することが出来ました。地域は、作業所などが全くなく、現在イブニングケアなどを利用している障害者は交通機関を乗り継いで遠くまで通っている人も多く、歩いて、気軽に来れる地域の社会福祉資源としても大きな存在になると思います。開設にむけた、又運営に対する、そして財政面での、行政の力強いご支援を賜りたく下記の項目について請願いたします。

請願項目

一、（仮称）共同作業所「寛ぎの家」の開設に向けて資金（施設借上費・改装費・備品購入費）の助成を行ってください。

二、「共同作業所設立運営資金貸付制度」を適用させてください。

請願者　杉並区　西荻北　四－三一－一二
　　　　〇三－三三九七－三一五四
　　　　共同作業所「寛ぎの家」準備委員会
　　　　〇〇　〇〇〇、△△　△△、高橋　道子、　他

一九九九年

杉並区議会議長　大泉　時男　殿

地元商店の応援

請願は政党の会派の幹事長、地元議員が紹介議員になってくれた。その間、私は沢山の議員と面談することになった。そのようなことに慣れていない、というより、はっきり言って嫌がっていた私だったが、だんだん度胸がでてきた。そしてその内、面白くなっていった。一人一人の議員とアポイントを取り、「精神障害者」の問題や地域福祉の話をするなかで、私は行政について、議会について、その雰囲気やシステムのようなものを体で体験していくようだった。

目的は、請願を議会で取り上げてもらい、作業所への助成金の必要を訴えること。東京都が予算化しなかった作業所への助成金について、区から少しでも引き出すことである。

私は、地域の民生委員や福祉関係者、医者、そして地元商店の人たちの理解を得ようと、署名を呼びかけた。限られた時間の中だったので、まだ医者の方々などには十分に声がかけられなかったが、商店の人たちが本当に暖かく応援してくれたのは、嬉しかった。

全議員の賛成で「趣旨採択」

杉並区福祉保健委員会が開かれた当日（二〇〇〇年一月二十六日）はその年一番の冷え込みということだったが、午前十時から区議会で行われる委員会を傍聴しようと、朝早くから何人もの人たちが西荻館に集合した。私たちは、ワゴン車二台に分乗し、区議会に向かった。現地で落ち合った人も合わせ十三名の傍聴者だった。

私自身、議会を傍聴するのは初めてであり、おそらく全員が初体験だったと思う。「精神障害者」のMさん、礼子さんも落ちつかずに緊張ぎみだった。

委員会は初めはおそらく委員会としても最大の問題であろう介護保険に関することが質疑、答弁されていた。傍聴人たちには、こちらの方も興味深いものだった。問題になっている要介護認定についての報告もなされていたが、その中で、

「今のところ――〝不服申し立て〟は一件もありません。要介護認定はスムーズにいっています」

という報告があり、私は、「まだまだ、これからが本番だな」と思った。

福祉の家「西荻館」が提出している請願の審議に入った。冒頭に当日提出した「追加署名四十五名」のことが報告された。

審議は、福祉保健委員が区の担当行政に質問し、担当（保健衛生部・健康推進課）が答えるという形式で進んでいった。この答弁の中で、

・福祉の家「西荻館」が地域に開かれた福祉の事業として「精神障害者」の役に立っている（健康推進課長の表現）

・作業所の需要はまだある（同じく課長の表現）

・西荻館は、作業所ではないが、同じような活動を行っていると評価できる

ということが明らかにされた。しかし、

「共同作業所は東京都の事業。都が予算化しなければ区としても難しい」

という担当課の基本的な考え方に変更は示されなかった。さらに議員からの質問は、

「担当課と西荻館との話し合いはどのように進められたのか。拠点のこととか、実績評価のこととか。話し合いの過程に問題はなかったのか」

というような「行政指導」「窓口のあり方」の問題が何人かの議員から指摘された。

審議のための質疑・意見は一時間に及び、採択が行われた。

意見ということでは、各会派がそれぞれ意見を述べた。そして結果、全ての会派から「西荻館が作業所になるための助成金の交付」について、

「必要である」

「援助すべき」

という賛成意見が表明されたのである。採択は「趣旨採択」という内容だった。

趣旨採択という結果を福祉保健委員長から説明してもらい、

「何らかの助成が実現するでしょう」

ということだったことで、傍聴に参加した利用者、スタッフたちは皆喜びの顔を隠せないでいた。しかし、私は、「そんなに甘くないのでは」と考えていた。

実際、担当課との話し合いは全くこれからである。予算といっても今年度の日程にはのぼらないだろう。そうなれば来年度の補正予算ということになるのかも

しれないが、いったいいつになれば、確定的に、どの位の援助が得られるのか、定かではないのだ。しかし、ともかく「ゼロ」ではなさそうである。土壇場で相当の無理をしてでも請願という行動に出たことは間違っていなかったようである。

3 「精神障害者」にホームヘルプサービスを

⑴年末のお節の配達

十二月二十九日ともなれば、障害者たちが通う作業所も大体が冬休みになっていて、西荻館に集う仲間たちは休みの間の過ごし方に心を悩ますことになる。

三年前、正月にはまだまだ日がある秋の日のイブニングケアの場で、深刻な顔をしてMさんが呟いた。「暮れになると、大家が部屋にやってきて、『もう少し、片づけてはくれませんか』と言う。そう言われても、どうしても掃除が出来ない。今年も、掃除しないと、部屋を出ていかなければならなくなる」

Mさんは思いつめている様子だった。

老人に達しない精神障害者に対するホームヘルプサービスは、まだ制度としてない。私は、Mさんの依頼を受けて訪問して掃除、洗濯の援助をすることにした。

こうして開始したホームヘルプは現在、精神障害者五名を対象にしている。精神の病状としてもみな重いとされている人たちだ。十二月二十九日のこの日、私は午前中に一人、午後に一人、そして夜に一人、合計三人に対して訪問介護の仕事をした。うち午前中と午後の利用者が精神障害者だ。一人目のOさんのアパートには佐藤さんというホームヘルパーさんと同行する。佐藤さんは十月からOさんのホームヘルプに入ってくれることになった。それまでOさんの介護に一緒に入ってくれたAさんが就職したため、私が頼んだら快く引き受けてくれたのだ。重い鬱状態に苦しむOさんに対して佐藤さんは非常に優しい。

二人目のMさんの部屋には知恵子さんと同行。彼女はOさんへの初訪問に同行してくれた人で、土曜日のイブニングケアの調理担当者だ。その時、知恵子さんはホームヘルパーの経験も全くなかった。しかし、私はあえて彼女に同行を依頼した。理由は知恵子さんの人間性だった。初めてのホームヘルプを頼まれた時、知恵子さんは私にこう言ってくれた。

「いつも私の作った食事を食べてくれている人たちの頼みで、必要なら私は行ってあげたい。高橋さんと同行なら何の心配もない」

千恵子さんは初めてOさんを訪問した日、何カ月も掃除してなくてどろどろになったお勝手を素手でピカピカになるまで磨いた。

Mさんにとって月に二度のホームヘルプは何にもまして必要な福祉となっているようだ。金銭管理も困難な彼は、障害年金が入ると目的別にお金を振り分け私たちに預けるようにしているが、食事代よりも優先するのがこのホームヘルプ費用である。彼にとっては一時間五〇〇円のホームヘルプは大金なのだ。しかし、どんなヘルパーでもよいのではない。精神状態にも微妙に影響する訪問者を、私はMさんと確認し、承諾を受けて決定する。知恵子さんはMさんに自然に受け入れられた数少ない一人だった。

Mさんにとって年末の心配は掃除のことだけではない。お正月に食べるものの心配も大きい。三年前は九月ごろからパニックになり毎日のように正月不安を訴えていた。私たちはMさんの不安を解消すべく節料理を用意することを約束した。今年で三回目になる。そしてこの三年間の日常的なケアの賜物か、今年は年末になってもMさんは不安を訴えなくなった。掃除もお節も約束されていることが心強かったに違いない。この日、Mさんは西荻館で信子さんの手作りのお節が届くのをゆったりとした気持ちで待っていた。

私もMさんも何だか深い関係になったと実感していた。Mさんの正月を支えたものにお餅がある。一昨年の正月に当時のホームヘルパーよださんがお餅を持ってMさんを訪問し、彼にお餅の焼き方を教えたことがその後の正月にも適用され、今回は自分でお餅を買いこんだ。トースターで簡単に焼けるお餅は力強い味方である。

Oさんと言えば、この日あまりに暖かく、私が訪問時にダウンのジャンバーを置き忘れてしまい、取りに行く時に、カレンダーと知恵子さんが用意したお節を少し届けることにした。

Oさんはジャンバーを抱えて玄関まで出てきてくれ

た。僅かばかりのお節やお菓子を手渡し、私は西荻館に戻ってきた。

信子さんの車に乗って帰る途中、たぶん信子さんの息子さんは呆れていたことだろう。

「お母さんたちは、一体何やってるの。自分のためにどんな良いことあるの」

Oさんや Mさんの独りのお正月に少しでも温かい気持ちを届けられたら——そんな思いが、ふくらんで、また私たちの心に戻ってくるような気がする。

この日、信子さんと私が、西荻館として年末最後の仕事を済ませたのは、夜の九時半。家に帰る急行電車が終わっていることに、私は全く気づいていなかった。

一九九九年。四十四歳で挑戦した車の免許取得に始まって、自宅の引っ越し、西荻館の移転、共同作業所の開設問題、助成金の申請と、巡る季節を先取りするような目まぐるしさの中で、駆け抜けてきた。ひと月先、一週間先どころではない、明日のことを考え、手を打つのがやっとという毎日だった。

「精神障害者」のことではない、この私自身が自分の時間をこの手に収めていないのかもしれなかった。自分が設定した時間に追われているのかもしれなかった。

せめて、お正月はゆっくり休んで新しい年を迎えよう……。

(2)西荻館の重要な活動

福祉の家「西荻館」の活動の大きな柱に、精神障害者を対象としたホームヘルプがある。西荻館のスタッフには介護福祉士などの介護職を働く仲間は二桁になるが、老人介護としてのホームヘルプは、みな個人的な労働になっており、それぞれが様々な機関に所属したり、または個人契約として介護を行っている。西荻館はそれらホームヘルパーたちの情報交換の場、憩いの場になっている。研修会、事例研究なども行っているが、自然に出来つつあるネットワークを一つの形にしていくのは今後の課題である。

西荻館の活動の中に大きく位置づけて、組織的に実践しているのが、精神障害者に対するホームヘルプである。イブニングケアに参加する利用者からの切実な要望で開始して三年。今は四十代から五十代の男女五名を対象にしている。

この五人の中で、杉並区・福祉保健相談センターからの紹介（というより要請）が三人であるが、その経緯を考えると、現にある在宅行政施策の貧困が見えてくる。重い精神病を患いながら地域に独りで暮らす精神障害者にとって、ホームヘルプ制度の必要は深刻なものだった。

Oさん（男性、五十三歳、精神障害者一級）――

福祉保健相談センターからの電話だった。

「福祉公社（杉並さんあい公社）のヘルパーが来なくなって三カ月､独りで住んでるOさんから〝もう限界〟というSOSがありまして。西荻館で訪問してくれないでしょうか」

西荻館としても、お世話になっている丸山保健婦からの依頼となれば、応えないわけにはいかず、私はその日のうちにOさんのアパートを訪ねた。

Oさんは部屋の中にうずくまるように座っていた。部屋の中は、食べ物やゴミ、ちり紙や新聞紙、煙草などが溢れ、実に足の踏み場がなかった。この日は、初訪問ということで、実際、私の訪問を受け入れてもらえるかどうかをアセスメントし、同意と一定の契約を確認することを目的とした。そして、Oさんの同意を得て、西荻館としての定期的な訪問を約束した。

Iさん（男性、五十七歳、精神障害者二級）――

Iさんも福祉公社からホームヘルプを頼んでいた。しかし、数カ月入院して自宅に戻り、再びホームヘルプを依頼したところ、公社から、

「公社としては、精神障害者へのホームヘルプの派遣を中止しました」

ということで、Iさんは放り出されることになってしまった。その後、Iさんは必要な掃除などの家事を「便利屋」事業所に頼み、一時間三千五百円を支払っていたと言う。

同じ時期、Iさんが断られたサービスがもう一つあった。それは食事の宅配サービスだった。このサービスの提供団体は広範に食事の宅配サービスを行っているボランティア団体だった。Iさんの母親が健在だったころからもう長い間利用者だったIさんへの食事の配達が、取りやめられたいきさつはこういうことらしい。夏の暑い日に、主婦の宅配ボランティアがお弁当を届けたら、Iさんが「裸同然の恰好で出て来て」

（ボランティア団体の人の話）協力員が「気持ち悪がり」（これも団体の話）訪問食事サービスを打ち切った、そういうことだった。

この話を聞いた時、私は本当に残念だと思った。悔しい思いだった。怒りのようなものも感じた。

「裸同然の恰好で出てきて」「気持ち悪い」

真夏の夕方、自宅で裸同然の恰好でくつろいでいるのは精神障害者ばかりではない。もし、そのボランティアが知り合いの近所の人の所に何か届け物をして、たまたまそこに住む男性が「裸同然」（ステテコ姿かもしれないし、ランニング姿かもしれない）で玄関先に出てきたからといって「気持ち悪い」という感情を抱くだろうか。Iさんが「精神障害者」であるという先入観があるから「気持ち悪かった」のではないのか。

そして、一人のボランティアの感情を理由に、会としての訪問もやめてしまった背景には、精神障害者を「気持ち悪い」と排除する広範な意識が存在しているのではないかと考える。

Mさん（男性、四十九歳、精神障害者一級）――

Mさんが福祉公社を訪問し、直接にホームヘルプを依頼した時は、すでに派遣を取りやめていたようで、「全く話も聞いてもらえず帰ってきた」

ということである。Mさんは福祉保健相談センターからの紹介でイブニングケアに参加するようになり、少しずつ西荻館に馴染んでくる中で、私にホームヘルプを頼んできたのだった。

杉並区では精神障害者へのホームヘルプサービスは公的な事業としても行われていない。加えて、福祉公社が派遣を取りやめてしまった。公的な制度もなく、よって予算も付けられない困難な条件の中、私たちは、この三人からの切実な必要に応えるために、ホームヘルプを開始した。

三人の中で、Oさんへの訪問介護についてさらに詳しく報告していくことが精神障害者へのホームヘルプの方法論のようなものを深めていくことに役立つと考えるので紹介しよう。

(3) 初訪問は未経験者の知恵子さんと

「精神障害者」へのホームヘルプといっても当時は、まだイブニングケア参加者のMさんたちに対してやりはじめたばかりで、暗中模索といってよかった。中でも私に同行してくれるヘルパーさんを確保しなくてはいけない。Mさんには当時福祉専門学校に通い、介護福祉士の勉強をしていたよださんと二人訪問だったが、よださんが共同作業所に指導員として働き始めたためた。

「誰か適当な人は」と考え、私は、イブニングケアの食事を作ってくれている知恵子さんに頼むことにした。

介護福祉士になろうと勉強している学生ならともかく、知恵子さんのように、直接的な介護の仕事とはほとんど縁のなかった主婦が引き受けてくれるか。

「しかし、人がいない。どうしてもOさんとの約束は守らなくては」

という気概で、わたしは知恵子さんに話をした。

感動的だったのは、知恵子さんの答えだった。

「ここにご飯を食べにくる人たちは、みんないい人たち。こうやって私の作ったご飯を食べて喜んでくれるんだもの。その人たちにとって必要なら、私は掃除でもなんでもやってあげたい。高橋さんと一緒なら何の心配もない」

重い精神病に苦しんでいたOさんに対するホームヘルプは、知恵子さんにとって初めての介護体験だった。しかも、この時知恵子さんはOさんに初めて顔を合わせたことになる。そんな知恵子さんのOさんへの対応ぶり、介護の方法は本当の気持ちがこもったものだった。

事前に私はOさん宅を訪れ、一応の大変さは心得ていた。三カ月間、全く掃除をしていない居室の様子は表現しがたいほどだった。散在するペットボトルや空き缶、ビン、弁当の空箱やビニール、ちり紙など大きなビニール袋にかるく十袋はあったと記憶している。新聞紙や雑誌、本も山のようにある。知恵子さんは、どろどろになっている台所を丁寧に片付け、磨いてくれた。私は、知恵子さんに心から感謝した。Oさんの思いはもっとだったろう。

(4) 地区担当の保健婦登場

私たちが訪問して一時間ほどした頃、一人の女性が訪ねてきた。地区でOさんを担当する保健婦の女性ということだった。Oさんは、西荻館にホームヘルパーを依頼したことを担当の保健婦に黙っていてはよくないと考えた。そして私たちの訪問日を朝、連絡していたのだった。

保健婦は、部屋に入って来て、こう言った。

「Oさん。今日は足の踏み場があるわ。よかったですね」

私たちは簡単な挨拶をかわした。続いて保健婦が言った。

「別に、Oさんを訪問したんではないんです。高橋さんに挨拶しにきたんです」

いくつかのことをOさんと確認した後、その保健婦は帰っていった。

私はOさんに聞いた。

「Oさん。保健婦さんって時々来るんですか」

「いや、全然来ない。来てくれって言っているのに」

知恵子さんが不思議そうな顔で感想を言っていた。

「さっきは何しにきたのかしらね。西荻館が来るのを知って慌てて来たのかね」

まあ、そんなことはいい。これからは地区担当の保健婦さんとも連携してやっていく必要があるのだ。

Oさんへの初訪問はこのように終了した。帰り道、私と知恵子さんは「ポロン亭」という喫茶店に入りコーヒーを飲んだ。そのコーヒーが物凄く美味しかった。

(5)「身体障害者」のUさんがホームヘルパーに

知恵子さんの次にOさんへのホームヘルパーを引き受けてくれたのがUさんだった。Uさんは五十一歳の男性で、二年前強い脳梗塞におそわれ「障害者」になった。発病後のUさんのリハビリへの頑張りは、主治医が驚くほどだったと言う。

Uさんは、自分が「障害者」になったことを次のように話してくれた。

「僕は、それまでの五十年の人生、生活ときっぱりと決別しなければいけないと思った。まず、思い切って引っ越しをした。過去の足跡を消すためにも思い出のものも持たなかった。全くのゼロから出発した」

この時、Uさんが健康であった頃に、ボランティアで「障害者」の人の手伝いをしたことがあったことが、大きなヒントになった。福祉サービスや生活保護についての知識が役立った。そして、「障害者」になることが決して特別なことではないという感覚を少しでも身につけていたことが救いになった。そして、リハビリの可能性を信じて、自己目標に向かって頑張った。目標は、再び自立し、働いて経済的にも自立することだった。

発病して一年。きついリハビリが少しずつ功を奏して「何か社会参加を」と考えたUさんがのぞいてみたのが、杉並の福祉公社が開いていた「ホームヘルパー協力員交流会」だった。そして、そこで出会ったのが、もとこさんだった。

もとこさんは、西荻館にボランティアとして係わってくれている女性で、私のホームヘルパー論に共感して「自分もホームヘルパーになりたい」と、西荻館にやって来た。彼女がUさんに西荻館のことを話したら、Uさんも参加したい、ということになった。以来Uさんは西荻館のイブニングケアにも参加するようになった。

私は、Uさんの人柄や福祉への思い入れを考え、Uさんに、「精神障害者」へのホームヘルプを依頼することにした。これは、本当に適任だった。ほぼ一年間にわたり、二人の「精神障害者」男性の介護に定期的に入ってくれるようになったUさんは、すばらしいホームヘルパーだった。Oさんにも受け入れられ、安定した援助を的確に行ってくれたのだった。今Uさんは、大手のバス会社に勤務している。経済的にも完全に自立し、生活保護を卒業した。そして休みの日には、時々西荻館にやってくる。

わたしは、Uさんにいつも言う。

「あんまり頑張っちゃダメ」

Uさんは西荻館での介護の仕事だけでなく、他の会からの紹介で、同年代の男性の介護を引き受けたことがあった。病気もやはり脳梗塞で、後遺症による発語「障害」や片麻痺があり、同居する姉から全面的な介護を受けて生活していたようだった。その人にふれてUさんは「どうして、もっと頑張らないんだろう。僕のようにこんなに回復することも出来るのに」と話していた。

私は、彼にこう言った。

「Uさん。自分が頑張れたからといって、他の人が出来るものではないと思う。その人にも他の障害者にも、あまり自分自身のことは言わない方がよいのかもしれない」

この言葉は同時に、私自身に向かっての戒めでもあった。

(6)七名の介護者

Uさんがバス会社に勤めるようになって、Oさんへの介護を、私は同じホームヘルパーの佐藤さんに頼んだ。佐藤さんとはEさんの夜間の介護を共に続けていた同士だったので、ホームヘルパーとしても信頼していた。また介護訪問の途中で、食事休憩に西荻館に立ち寄ることが習慣になっていた佐藤さんと、毎日の介護の話をする機会が多く、「精神障害者」の介護についても話すことが頻繁だったのである。

振り返ってみると、西荻館に通ってくる「精神障害者」に対するホームヘルプを始めて三年になるが、その間、私は六人もの人に訪問の同行を頼んだ。そして、みな快く引き受けてくれた。

そしていつしか私は、「西荻館の人は、誰でもホームヘルプを引き受けられる」

という確信を深めていった。しかし、この、西荻館においては「当たり前」とも言えることが実は、なかなか困難なことだったようである。

(7)シンポジウムに参加して

最近、介護を働く仲間たちの間で、にわかに「精神障害者」へのホームヘルプサービスのことが話題にのぼるようになった。このことは、実際の介護現場で、「精神障害者」への訪問というケースが少なからずでも出てきたということがある。例えば、在宅老人へのホームヘルプで訪問すると、その家に「精神障害者」の家族がいる、というケースがある。息子さんや娘さんが「精神分裂症」であったり、妻や夫が鬱病であったり。また、利用者自身が、老人性の鬱病、「分裂症」、痴呆症というケースも多くなっている。

私たちの精神は、身体状態と切り離せるものではない。病気や障害を抱えながら生活し続けるという状況の中には言い尽くせないような困難があるに違いない。限られた生活様式の中での偏りや何種類もの薬の服用による後遺症なども、精神状態を大きく左右する要因になってくるだろう。

「精神障害者」へのホームヘルプは、精神保健法から一九九五年の「精神保健および精神障害者福祉に関する法律」という法制度の流れを経て、一九九九年五月に成立した「精神保健および精神障害者福祉に関する法律等の一部を改正する法律」の中で明記された。「精神障害者居宅生活支援事業」が事業内容として追加され、居宅介護等事業、短期入所事業が創設されたのである。ホームヘルプとショートステイである。

この法律をもって、二〇〇二年から「精神障害者」へのホームヘルプが全国的に実施されることになる。

二〇〇二年からの実施に向かって、保健福祉行政や訪問介護を行っている機関は、その準備の必要に迫られることになってきた。今まで、なんとしても手をつけなかった「精神障害者」へのホームヘルプという懸案に取り組まざるを得なくなったのだ。そんな中で、介護サービスを行っているNPO系の団体もこの事業を対象化するようになってきた。主体的にとらえれば、この間、なし崩し的にやってきていた事業に、やっと一定の基準と理念が与えられようとしているとも言える。

一月二十六日に行われたシンポジウムは東京都社会福祉協議会の主催で「福祉団体連絡協議会・在宅サービス部会」のコーディネーター会議としてのシンポジウムだった。

シンポジストは

・東京都精神障害者家族会連合会（東京つくし会）会長の高山秋雄氏

・調布ゆうあい福祉公社のソーシャルワーカーとホームヘルパー

・全国精神障害者家族会連合会・保健福祉研究所の平直子氏

ということで、どれもみな興味深い内容だった。資料なども充実しており、「精神障害者」が日常の生活で、どのようなことに困っているか、何を必要としているか、そして、その困難と必要に応えるためにも、ホームヘルプの制度としての提供が求められているということを参加者全員で共有出来るものだった。

シンポジウムを受けて、いくつかのグループに分かれてグループ討議が行われた。私が参加したグループは七人である。区の社会福祉協議会のコーディネーター、公社のコーディネーター、そして生協で介護サービスを行っているいくつかのグループだった。話は、「精神障害者」への訪問をコーディネートする時に、ヘルパーさんにどのように依頼したら、不安なく行ってもらえるのか、というところに向かっていた。

公社のコーディネーターが言う。「ヘルパーさんが、『精神障害者は怖い』という。どうしたらよいのか」。そして、そのほかは、ほとんど会としても取り扱っていないという現状だった。そのためか、グループの参加者には不安があるようだった。私は、福祉の家「西荻館」の取り組みを話した。

「私たちは、地域に開かれた店舗型の拠点で、食事サービスから活動を開始しました。店ということもあり、いつからか『精神障害者』の人たちが集うようになりました。そこで始めたのがイブニングケアという事業でした。夕方から夜にかけて『精神障害者』の利用者を対象にして夕食を提供するということですが、ホームヘルプはその参加者から出た必要に応えるというものとして始めました。二人で訪問し、そのうち一人は介護福祉士です。イブニングケアというグループ援助とホームヘルプという個別援助を有機的に結び付けたことが良かったと思っています」

そして、訪問に同行してくれる主婦たちのことを話した。この報告と提案は、参加者にとって、非常に興味深かったようだった。私は、改めて感じていた。

福祉の家「西荻館」が自然発生的にやりはじめていたこと。店を訪れる人たちのつぶやきに耳を傾け、必要に応えようと考え、限られた経費と人材の中から「無理」かとも思われたホームヘルプを続けてきたことの実績は、本当にすばらしいものがあるんだ。これは、Mさんや0さん、Iさん。その他多くの「精神障害者」の困難や願いを私たちが共有しながら作りあげてきたものなんだ。これからこの事業に取り組もうとしている仲間たちに対して、

「誰でも出来るよ。精神病は、特別な病気じゃない。むしろ頻繁で日常的な出来事だと思う。ホームヘルプも行ってくれる人はたくさんいるよ。そんな、楽観的とも言えるやり方で西荻館はやってきた。難しいことで

はない」

　そう胸を張って言うことができるのは、私のプライドでもある。

　このシンポジウムの後、私はある精神病院の患者家族会の例会に招かれた。なんと四百三十回目ということで、その歴史の重みを感じながら、精神病者を家族に持つ大変さ、とりわけ母親の苦労を目の当たりに触れ、改めて社会的な、地域的な援助の必要を実感した。私は西荻館で行っているイブニングケアやホームヘルプの活動を紹介して、最後に母親たちにお願いした。

「精神障害者へのホームヘルプが本格的に始まったら、是非利用してください。病気の家族を少しずつ、放り出してください。やっぱり親である自分でなくちゃだめだ、と閉じこもるのではなく、私たちホームヘルパーの出番も作ってください」

「精神障害者」へのホームヘルプには、「なかなかニーズが上がってこない」と保健行政の人から聞いたことがある。それが真実ではないことは、当の保健婦たちがよく知っていると思うが、重要なことは、必要を声にすること、必要に応えることを政策にしていくことではないだろうか。

「困っているから、助けて」

　となんでもなく声に出来ること、助けてもらっていいんだということが、あたりまえになることが本当に必要だと、私は考えている。

あとがき

Qさんは乗物に乗ってどこかに行くのが大好き。その日もJRのホームのベンチに座り、体を揺らしていた。

「今日は、どこへ行こうか。新宿で青空コンサートもあるし」

一人で笑いながら楽しんでいると、男の人が寄ってきた。男の人はベンチに腰掛け、Qさんに話しかけた。

「君は、どこか悪いの。病気なのかい」

男の人にそう聞かれて、無邪気なQさんは、自分の頭を二本指で指さして答えた。

「セ・イ・シ・ンです」

男の人は、少しの間、何か考えているようだったが、その後、無言でQさんの側を立ち去った。

「セ・イ・シ・ンです」

そうだ。Qさんはまだ少年のころから、自分は「精神の病気」だと言われてきた。そのための病院にも通っている。薬も飲んでいる。手当てももらっているようだ。作業所にも通っているが、あまりにも工賃が安いので、働きがいがない。

Mさんは、このごろ困ったように訴えてくる。

「また、このごろ徘徊がはじまった。どうすればいいの」

Mさんは夕方のイブニングケアで食事をする。午後の五時である。五時まで待てないほどにMさんはお腹を空かせて来る。

Mさんはそのあと、睡眠剤を飲む。飲むと、二時間後に効いてくる、と言う。しかし、眠剤を飲んで、薬が効くまでの間、むしょうに外へ出たくなるのだ、と言う。それで、部屋を飛び出す。

話をよくきくと、お腹が空くのだそうだ。Mさんはアパートに独り暮らし。調理やゴミ出しが困難なMさんの部屋には食べ物がない。

「徘徊って、どこに行くの」

私の問いにMさんは答えた。

「おにぎりを買いに行く。お金があれば、飲み屋に行く」

生活が整っていれば、夜、お腹が空いた時は、冷蔵庫でも覗いて、何か食べるものを手にいれるだろう。部屋の中に、何も口にするものがなければ、部屋を飛び出すしかないだろう。

Qさんや M さんとの付き合いも今年で四年目になる。生活を整えていくことと「せいしんの病気」と体の偏重の関係、「せいしん」との関係、そして時間―生活―こころという三の密接に絡み合った関係の謎解きに、私はこれからもずっと付き合っていくことになるだろう。

Mさんの魂は奥深くに、青く透き通った水をたたえているようだ。私は、一人のホームヘルパーとしてMさんに係わっていくことで、その亡くした生活をMさんと共にたどり、Mさんの時間に耳をすませ、そして、その心に触れてみたいと思う。その青く透き通った水面に映し出される自分自身は、きっとあるがままの私自身に違いない。

介護にたずさわっていると、相手の心の鏡に自分自身を写し出しながら、どんどん豊かになっていくように思う。介護の仕事を通して、MさんやQさん、礼子さんたち、「せいしん」の豊かな人たちに出会うことが出来て、私は幸せ者のホームヘルパーだ。

二〇〇〇年　三月

高橋道子

〔著者略歴〕

高橋 道子（たかはし みちこ）

1954年函館市生まれ。宮城教育大・養護学校教員養成課程卒。日本福祉教育専門学校・介護福祉課程卒。1995年5月より東京杉並区で「福祉の家“西荻館”」を主宰。月刊情報ペーパー「えいじんぐ―地域の中で」発行人。介護福祉士。著書に「ホームヘルパー 老人介護三百六十五日」「介護を生きる～〈西荻館〉の日々～」（ともに麦秋社刊）がある。

〈「西荻館」連絡先〉

〒167-0042 東京都杉並区西荻北4-31-12

TEL：03-3397-3154

介護・七転び八起き

——ホームヘルプの現場から——

発行日	2000年4月28日
著　者	高橋　道子
編　集	イマジン自治情報センター
発行人	片岡　幸三
印刷所	倉敷印刷株式会社
発行所	**イマジン出版株式会社**

〒112-0013　東京都文京区音羽1-5-8

TEL 03-3942-2520　FAX 03-3942-2623

ISBN4-87299-229-6　C3036　¥1500E

落丁・乱丁は小社にてお取り替えします